W0469255

Le logement social à l'équilibre

Collection *Monde en cours*
créée par Jean Viard

La préparation de cet ouvrage
a été initiée sous l'impulsion et avec le soutien
de la Fédération des entreprises sociales pour l'habitat.

Sa démarche s'est poursuivie grâce
au partenariat avec Habitat Social en Occitanie,
ainsi que l'appui de la Lettre Habitat et collectivités locales.

Cette étude s'inscrit dans le prolongement
des travaux du Laboratoire français pour la politique de l'habitat,
dans la suite des Rencontres nationales du logement et de l'habitat.

© Éditions de l'Aube, 2025
www.editionsdelaube.com

ISBN 978-2-8159-6804-1

François Rochon

Le logement social à l'équilibre

Préface de Valérie Fournier

Postface de Jean-Michel Fabre et Michel Calvo

éditions de l'aube

Du même auteur

Aux éditions de l'Aube

La République des HLM, 2024

Logement : critique d'une politique impossible, 2023

Le logement, l'habitat et le citoyen, 2018

Habitants, militants (coord.), 2016

Abécédaire du logement (coord.), 2014

Aux éditions Le Sas-culture

Visages du logement, images de l'État, 2025

Vacance du retour, 2024

Lettres rochefortaises, 2023

Veillées du fleuve (dir. avec Sylvaine Reyre), 2023

Maintenant je t'écrirai, 2021

Visages citoyens (dir.), 2014

Chez d'autres éditeurs

Rochefort Habitat Océan (avec C. Adam), OPH RHO, 2020

Le logement social dans la société qui vient (secrétaire scientifique), USH, 2019

Habitat et transition énergétique (dir.), L'Harmattan, 2014

Préface

Valérie Fournier[1]

Le modèle HLM et plus encore le modèle économique qui le rend possible sont, comme ce livre nous le montre, avant tout des pratiques. Si le logement social à la française porte des valeurs, attachées à l'intérêt général, à la cohésion sociale notamment, s'il tient un rôle déterminant dans la politique du logement du pays, sa réalité tangible, sa force, reposent sur ses opérateurs, dont le moteur est la production de logements abordables pour la population. En décrivant, à travers ses mécanismes, comment fonctionne l'équilibre économique du logement social à la française, on voit combien sa production dépend de l'expertise de terrain, interne aux organismes, coordonnée dans le secteur, et combien l'activité de production elle-même se place à la base du métier.

Le Mouvement HLM n'est en rien une foncière vieille de cent ans, qui se reposerait immobile, parce qu'immobilière, sur ses acquis ! La description, dans les pages qui suivent, des multiples adaptations et ajustements, tout au long du développement du parc et qui continuent de se poursuivre, rappelle que le modèle économique du logement social fait de sa performance un challenge permanent. Notre activité demeure

1. Présidente de la Fédération des entreprises sociales pour l'habitat (ESH).

par nature productive et en croissance, ancrée dans la vie de l'entreprise, parce qu'à l'écoute des besoins.

Notre mission sociale définit certes une identité singulière dans le monde de l'immobilier, mais notre fonctionnement demeure celui de l'économie réelle. Notre seule spécificité réside dans le rendement qui se calcule, non pas dans le but de maximiser les prix de marché, mais au contraire en fonction de la modération des loyers et de ce fait en lien avec la commande publique. Il en découle à mon sens deux éléments à souligner pour envisager, à court et moyen termes, l'avenir économique du secteur et le devenir de sa mission essentielle, qui se situent aujourd'hui à un tournant conjoncturel, dont on ne doit pas ignorer l'ampleur. En effet, la production de logement, en général en France, plonge à des niveaux si faibles qu'ils rejoignent ceux de l'après-guerre, le logement social résiste tant bien que mal, mais nécessite de pouvoir recouvrer d'indispensables marges de manœuvre, au plus vite.

C'est pourquoi, premièrement, face à ce contexte, promouvoir une pragmatique efficace de production comme de gestion devrait être la plus urgente des priorités, en commençant par faire confiance aux organismes. Non seulement l'histoire montre qu'ils savent être aux rendez-vous, mais, de surcroît, l'analyse systémique sur laquelle se concentre la première partie de cette étude montre à son tour que la condition de la confiance n'a rien d'un prérequis corporatiste, bien au contraire. Un ensemble de leviers objectifs sont pointés, articulés mécaniquement les uns aux autres, ajustés à l'épreuve du terrain et dans le temps, suivant une logique générale fondée sur une délicate stabilité, sans cesse surveillée. Ces leviers fondamentaux complètent ceux qui relèvent de l'analyse en continu de tous les paramètres de la santé des organismes, menée au sein de la Fédération des entreprises sociales pour l'habitat pour ses adhérents, de la même manière que les autres familles qui composent le logement social le pratiquent, selon des variations de critères adaptées à leurs spécificités.

La supervision de l'ensemble du système se conjugue à une attention de tous les éléments intermédiaires, comme autant d'entités qui garantissent la solidité de l'édifice. Travailler cette pragmatique, c'est mettre en regard les objectifs de productions avec la capacité d'investissement des organismes, c'est décliner le volume de logements sociaux à construire et entretenir, selon leurs catégories et en fonction des offres de financements disponibles, c'est faire coïncider la feuille de route du secteur avec sa soutenabilité. C'est aussi conduire la reconfiguration des organismes entre eux, favoriser des flux de financement internes suivant la logique des groupes notamment, et enfin innover dans les instruments financiers que proposent Actions Logement ou la Banque des territoires.

À ce travail permanent qui s'opère aux différentes échelles, locales et transversales, s'ajoute une conscience particulière à l'endroit des deniers publics que mobilise le secteur pour réussir sa mission. Étant donné que le logement social respecte des loyers bas et administrés, en compensations desquels il bénéficie d'aides permettant de les maintenir, il est normal que l'État veille au bon emploi de la dépense publique, y compris lorsque celle-ci est indirecte, ou que les recettes attendues sont différées. Mais il est tout aussi essentiel que les révisions régulières des dispositifs permettent le plein exercice de la mission, garantissent la continuité des investissements requis, autorisent la souplesse qu'imposent les aléas de la conjoncture économique.

Force est de constater que la contribution du logement social à la réduction de la dépense publique, sur les dernières années et prolongée dans le temps à des volumes significatifs, assèche la capacité de rebond à court terme. Cette observation est factuelle, indépendante du débat sur ce choix politique qui revient par définition au pouvoir politique. Par voie de conséquence, cela nous interroge sur la capacité d'engagement du secteur sur le moyen et long terme, compte tenu de la permanence des besoins en logement abordable. Il m'apparaît important d'insister ici sur le fait que l'équilibre du logement social dépend de toute une combinaison d'ajustements, sur l'ensemble des paramètres de son modèle économique. Prenons garde à ce qu'un seul de ses aspects, au surplus le dernier en date, à savoir la réduction du loyer de solidarité (RLS), ne pèse trop sur l'ensemble et obère par conséquent le résultat des effets de la fine mécanique des multiples ajustements, qui font la singularité et la force du modèle dans le temps.

Deuxièmement, pour préparer l'avenir, il est indispensable de promouvoir un partenariat stratégique clair et solide entre le secteur et l'État, qui passe par une gradation des débats. Si les grandes orientations sont nécessaires, pour tracer le chemin que veut emprunter notre société, en matière de réduction des émissions carbone ou d'artificialisation des sols, par exemple, la feuille de route du logement social ne se situe pas à ce registre-là : elle se place d'emblée, comme je viens de l'indiquer, sur un registre opérationnel, technique et financier. D'abord, parce que le secteur est en avance par rapport au reste du parc, la bonne direction est prise depuis longtemps. Ensuite, parce que le secteur est un instrument d'action dans toutes les régions, par-delà les controverses politiques et les polémiques artificielles. Enfin, l'hybridation installée depuis plus d'une décennie entre la promotion immobilière privée et le logement social renforce de fait le rôle du logement social comme acteur généraliste de la ville, partie prenante de l'aménagement du territoire au premier plan.

Je retiens une idée cardinale de mes échanges réguliers avec les dirigeants exécutifs des organismes, comme avec les responsables politiques engagés aux côtés du logement social, tant au sein de la Fédération que dans les diverses instances du monde du logement auxquelles je participe. Le consensus républicain est là, les attentes convergent. Il y a d'abord cette exigence d'efficacité pragmatique, fondée sur l'expertise des opérateurs que j'ai évoquée. Puis il y a cette attente d'une commande publique qui équilibre explicitement les besoins et les moyens. De surcroît, l'urgence est là. Les études sur l'évaluation des besoins en logement se multiplient ces derniers temps, offrant une panoplie de chiffres contradictoires, occasionnant des discussions d'experts sur les termes de l'équation et les méthodes. Les discussions sur les moyens portent quant à elle sur le degré d'optimisation du modèle économique du logement social et sur sa contribution à l'économie, tant en emplois qu'en recettes fiscales, en potentiel contracycliques. Mais quel est le résultat de ces débats, pour le logement social en tant que tel ?

Dans tous les cas, le segment locatif à loyer modéré demeure la clé des politiques locales de l'habitat. La question de la vacance ne se pose plus, et pour longtemps, dans les termes du débat qui préfigurait le premier programme national de rénovation urbaine. Au contraire, la liste d'attente s'allonge. L'investissement dans le logement social demeure pleinement un axe stratégique, tant pour le développement que le renouvellement du parc des résidences principales en France. Au surplus, la constitution sur un siècle d'un secteur intégré, généraliste, constitue un atout pour réussir la transition urbaine. Poursuivre cette mission à laquelle concourent près de 100 000 professionnels repose sur un modèle économique fort d'une agilité d'action. En présenter la décomposition analytique, comme ce livre le propose, ne se limite pas à un exercice de pédagogie, c'est une approche méthodique qui permet de travailler la plasticité de l'outil, de chercher des marges de manœuvre et de se prémunir des faux débats.

Je souhaite que nous continuions résolument dans cette voie. Il nous faut le faire à l'échelle de nos territoires, car la diversité des situations locales se travaille avec notre modèle économique généraliste qui est pensé pour se décliner dans cette diversité. Il nous faut le faire simultanément à l'échelle nationale, car la politique du logement française est fondée sur une contribution forte du logement social, comme composante structurelle du parc. Enfin, il nous faut le faire dans cet aller-retour permanent entre le local et le national, c'est ce double mouvement complexe qui assure à la fois le soutien qu'attendent les équipes de terrain, et la condition de la mise à l'agenda politique de la question du logement en France.

Introduction
Sur une exploration

Ce livre entend poursuivre et partager une enquête progressive au long cours[1] qui a commencé voilà une quinzaine d'années, avec un cycle participatif intitulé « Les Rencontres nationales du logement et de l'habitat » (2011-2015). La démarche s'intéressait à la diversité d'un système d'acteurs complexe, avec pour prisme fédérateur la figure centrale du citoyen, porteur d'attentes sur sa vie quotidienne et animé de projets de vie multiples à concilier, au sein d'un grand sujet de société. Elle s'est poursuivie avec un approfondissement de cette figure, en se concentrant sur celle du citoyen et habitant engagé, à travers sa trajectoire historique d'un siècle, dans l'association la plus ancienne en la matière, la Confédération nationale du logement (2016). Puis, l'accent a été porté sur le pilier de la politique du logement à la française, celui du logement social. Une longue recherche entre l'Union sociale pour l'habitat et l'École nationale des ponts et chaussées (2017-2022) a été entreprise, intitulée « Modèle HLM, le logement social dans la politique du logement contemporaine en France ». De ses conclusions ressortent six items comme autant de composantes de ce modèle.

---

1. Depuis 2014, elle est publiée aux éditions de l'Aube : *Abécédaire du logement* ; *Habitants, militants* ; *Le logement l'habitat et le citoyen* ; *Logement : critique d'une politique impossible* ; *La République des HLM*.

Il s'agit désormais de les approfondir chacune pour mieux les agencer, au service d'une vision d'ensemble de la politique du logement et du projet du logement social pour son deuxième siècle d'existence. Ces composantes sont les suivantes : modèle social, population, politique publique, renvoyant à une grande politique sociale d'une part, financement, parc, système de l'habitat de l'autre, renvoyant à une grande politique urbaine. L'art de la politique du logement consiste précisément à coordonner cette double exigence de politique sociale et de politique urbaine. En tenant compte de tous ces items qui touchent à nos représentations profondes, il est possible de développer une pensée féconde, par-delà les clivages habituels et les débats récurrents. Ainsi, cet ouvrage approfondit l'exploration de l'item du financement. Défendant « Le logement social à l'équilibre » (2023-2025), celui-ci participe, à sa manière, au renouvellement souhaitable de la question contemporaine du logement en France.

Le modèle économique du logement social fait l'objet de nombreux débats, parce qu'il renvoie tout autant aux enjeux budgétaires des politiques publiques qu'à la bonne gestion et au développement des organismes, en charge d'un segment désormais substantiel des résidences principales dans notre pays. Surtout, ces débats reposent sur une réalité communément admise, selon laquelle la construction d'un logement, quelle qu'elle soit, impose un investissement de départ colossal et des réinvestissements substantiels, après quelques décennies seulement. Un plan de financement doit donc être établi, inscrit dans la durée, impliquant des garanties, des recettes générées et des assurances contre les risques divers, de la malfaçon aux catastrophes naturelles, des incidents de paiement des locataires aux dégradations volontaires. Mais lorsque l'objectif s'ajoute d'obtenir une « habitation à loyer modéré », c'est-à-dire un coût final à la quittance inférieure au marché, l'équation immobilière atteint un degré supplémentaire de complexité. Voilà résumé en quelques critères simples tout l'enjeu du logement social à la française, qui mérite dès lors un examen particulier. Celui-ci suppose de laisser de côté les polémiques sur la place et le rôle du logement social dans la politique du logement, pour mieux se concentrer sur la logique interne de l'outil, sa mécanique singulière qui fait l'originalité d'un secteur majeur, dans le vaste champ du logement.

C'est pourquoi l'intention est de mettre en évidence sur quel agencement d'idées repose le modèle économique du logement social français, plutôt que de se concentrer sur les chiffres, le niveau des courbes et les indicateurs de tendance, qui masquent souvent le sens et la portée d'une infrastructure financière forgée par l'histoire. Le parti pris est ici de laisser de côté le maniement de la technique, le commentaire des tableaux et des graphiques, au profit de la mise en récit de ce modèle économique. Il s'agit alors de bien distinguer les concepts à l'œuvre et leurs agencements réciproques, de cerner les enjeux auxquels ils entendent répondre et les limites inhérentes à toute logique de système. Au fond, la démarche consiste à se saisir de la question du logement social au prisme de son financement, comme un éclairage essentiel pour retisser le lien entre ce qui se joue, d'une part, dans les décisions de gestion et de développement sur le terrain, et d'autre part dans les arbitrages nationaux sous contrainte, les stratégies qui se définissent pour l'ensemble du pays. En effet, le logement social est probablement l'instrument de la politique du logement qui permet de tenir, par-delà les vicissitudes, le lien entre le local et le national, entre la permanence centrale et le mouvement lent de la décentralisation, entre le vaste système d'acteurs du secteur et le tout de l'habitat.

Afin de déconstruire cette relation d'échelle qui forme un véritable modèle, une première partie descriptive propose une synthèse sous la forme d'un schéma d'ensemble, commenté progressivement. Puis une seconde partie ouvre une discussion. Sa rédaction s'inspire tout spécialement de quatre entretiens menés en parallèle au printemps 2023, qui ont donné l'occasion de croiser l'expertise et l'expérience de figures bien connues du domaine, prises comme repères. La parole de ces professionnels impliqués sur le long terme et occupant des positions éloignées fait bénéficier à l'analyse préalable les avantages de la pédagogie, du recul critique et des anecdotes éclairantes, que seules les rencontres humaines peuvent apporter. Ils méritent à cet égard d'en être pleinement remerciés. Avec Didier Poussou, qui a aussi impulsé et encouragé la préparation de cet ouvrage, le point de vue est celui d'un praticien engagé à la Fédération des entreprises sociales pour l'habitat, passé par un grand groupe de logement social. Avec Bernard Coloos, l'expertise est celle d'un économiste, ayant occupé des fonctions au sein de l'État, d'une banque, puis longtemps à la Fédération française du bâtiment et à Sciences Po. Avec Jean-Pierre Schaefer, c'est l'analyse d'un ingénieur-urbaniste, travaillant sur le terrain d'abord en agence d'urbanisme, avant de rejoindre la Caisse des dépôts, organe du livret A et donc des prêts au logement social, en charge aujourd'hui d'un cours au Conservatoire national des arts et métiers. Enfin, avec Guy Lemée, le regard du consultant se mêle à celui de l'observateur, comme journaliste de la presse indépendante, *via* sa lettre Habitat et Collectivités locales. La présente étude vise principalement à partir de ces points de vue internes ou proches du secteur du logement social, dans une enquête ciblée, avec le but que l'analyse croisée des discours récoltés en tire une objectivation, versée au débat public. Car ces points de vue épars font aussi dialoguer une réflexion intérieure, cheminer celle propre à l'enquêteur. C'est de ce dernier dont découle l'organisation de la réflexion. En définitive, il s'agit de favoriser la circulation des idées, au service de l'émergence d'une stratégie à venir pour le deuxième siècle d'existence du secteur, qui reste à bâtir, à souhaiter.

Quant au style, la restitution analytique des échanges et des lectures qui les approfondissent s'efforce, à rebours de l'habituelle distanciation recherchée des textes versant dans la littérature grise, à retrouver le ton didactique et déterminé propre à l'engagement qui anime les acteurs, pour ne pas dire les militants, du logement social. C'est pourquoi le texte prend la forme d'un propos librement organisé, privilégiant l'exposé d'un mouvement général de la pensée plutôt que celui d'un plan détaillé suivant la taxonomie de l'objet. Partant des idées principales évoquées durant l'enquête, le texte se présente comme un parcours ouvert qui la prolonge, une forme de retour, de réponse, autour des notions essentielles reformulées, insistant surtout sur les raisonnements. En conséquence, il est volontairement écrit sans notes de bas de page ou citations commentées, afin de soigner la fluidité de l'énonciation. Les quatre sections se présentent comme des essais privilégiant un angle, chacun complémentaire des autres.

Les textes techniques, les manuels et diaporamas de formations continues sont déjà nombreux dans le domaine du logement social et de son modèle économique. En revanche, le logement social a quelque peu perdu, sous l'effet de la normalisation et de l'abondance de nouvelles dispositions réglementaires et législatives ou de son accoutumance aux réseaux sociaux numériques, au tempérament désenchanté du moment, sa tradition ancienne de débat intellectuel exposé dans des livres, à destination des professionnels engagés dans leur secteur et des citoyens sensibles à la question du logement. Il s'agit donc de s'inscrire, de la façon la plus classique qui soit, dans cette tradition républicaine pour le bien commun. L'attachement à ce classicisme rassurant s'entend d'autant mieux dans cette période troublée où les fondations de l'État social méritent d'être rappelées, comme des références nécessaires et donc à préserver.

Mais ce livre n'en est pas moins tourné vers l'action, puisque le corps du propos est encadré par deux textes portés par des personnalités du secteur, qui représentent des organisations engagées et médiatrice dans la mise en œuvre du modèle économique. Ainsi, en préface, Valérie Fournier, présidente de la Fédération des entreprises sociales pour l'habitat, part de l'opérationnel pour poser les enjeux, avant d'entrer dans l'étude du modèle économique, soulignant l'aller-retour à garder toujours à l'esprit entre les préoccupations du terrain et le projet d'habitat pour le pays. Ainsi, en postface, Jean-Michel Favre et Michel Calvo, président et vice-président d'Habitat Social en Occitanie, montrent comment ils ont structuré des éléments de méthode dans leur région, pour travailler la plasticité du modèle dans sa mise en œuvre locale, en fonction d'engagements forts renvoyant aux valeurs.

En passant de cette façon d'une prise de position nationale à l'analyse systémique, puis à la coordination territoriale qui rappelle les valeurs cardinales, les réflexions partagées avec le lecteur avancent dans la construction démocratique d'une politique, celle qui se joue dans le débat public, entre les représentants du secteur et de l'État, entre les programmes convergents ou concurrents qui s'inscrivent dans les visées du pacte républicain, et dans le dialogue avec le mouvement social, comme entre les citoyens eux-mêmes. À la chaîne du logement répond la chaine des acteurs, à l'ambition démocratique du logement social guidée par le droit au logement digne répond l'implication du citoyen conscient et acteur de son rôle possible, de tout son rôle coordonné, des uns aux autres et au service de tous, sans exclusive.

Schéma d'ensemble

Le logement social à l'équilibre est aujourd'hui un défi nouveau et systémique. Tout au long du XXe siècle, ce principe directeur a constitué la garantie pour produire, avec succès, un parc volumineux, répondant à une attente politique forte. Mais ce succès a aussi son inexorable revers : parce que le modèle coûte cher, il est légitime, après le tour de force de l'avoir inventé dans sa formule originelle, de chercher à l'optimiser. C'est ce qui se produit durant les deux précédentes décennies, celles qui ouvrent le XXIe siècle et le deuxième siècle d'existence du logement social en France. Grâce aux recettes générées par la partie du parc le plus ancien, désormais apuré de ses dettes, il a été possible de réinvestir massivement. Avec la mobilisation des fonds propres des organismes, l'attrition des subventions publiques directes a pu se compenser, au profit d'une reprise puissante de la production neuve, atteignant des niveaux historiques, malgré la hausse parallèle des prix. Dans ce contexte favorable, un espoir est né d'avoir atteint, enfin, une capacité d'auto-portage du secteur pour son développement, lequel continue d'être nécessaire du fait de la précarisation d'une part importante de la population, en demande de logement social, et ce pour des raisons exogènes à la politique du logement.

En quelque sorte, les anciennes subventions publiques immobilisées dans le parc finiraient par ressortir, au terme d'un cycle d'un demi-siècle environ, réalimentant mécaniquement le système en financement. Une masse critique d'investissement public aurait été ainsi obtenue, qui donnerait la capacité au logement social d'évoluer dans un nouvel état de structuration, par lequel il pourrait voler de ses propres ailes. Cet horizon théorique, tout à fait séduisant et motivant pour les professionnels, comme pour la puissance publique, s'accompagne d'autant de scepticisme. La récente crise immobilière, qui voit chuter vertigineusement la production de logement et fondre les fonds propres des organismes de logement social en particulier, dépasse des records, agrandissant l'abscisse des graphiques et imposant de chercher les comparaisons toujours plus loin dans les décennies du xxe siècle.

Car le logement social, aussi singulier soit son modèle, évolue dans l'économie réelle, caractérisée par plusieurs phénomènes qui échappent à la maîtrise de la politique du logement et fragilisent cette option. De plus, les enjeux du logement social ne sont plus tout à fait les mêmes, posés aujourd'hui, en comparaison du siècle passé, notamment avec les transitions énergétiques et climatiques devenues des priorités planétaires. Enfin, cet horizon théorique relève encore du mythe, dans la mesure où le secteur ne s'est pas doté d'un projet explicite en ce sens, impliquant une transformation substantielle de son mode d'organisation. Les évolutions buissonnantes en cours contribuent cependant à faire évoluer la culture professionnelle. Il est donc utile de revenir sur l'explicitation des composantes du modèle économique du logement social français, au prisme de son équilibre et de sa pérennité, qui appellent la plus grande vigilance.

Pour cela, trois éléments complémentaires peuvent être distingués. Premièrement, le logement social à la française est un système tourné vers la production de logements neufs, à défaut réhabilités. Il se place en antinomie complète avec le contre-exemple de l'autre forme de logement populaire qu'il combat : celui de l'habitat dégradé et des marchands de sommeil, qui tirent leurs rentes de vieux logements marginalisés dans les quartiers. Deuxièmement, pour tenir dans la durée, préserver tant son activité au présent que sa pérennité, le logement social met en place un système d'ajustements, qui recherchent en fonction de la conjoncture le meilleur dosage des aides disponibles. Enfin, le logement social s'inscrit dans une trajectoire d'évolution, qui implique de maîtriser les risques inhérents à ses objectifs. Ceux-ci s'infléchissent, se modifient, à mesure que son parc se développe, se structure et que de nouvelles problématiques incidentes s'ajoutent à ses priorités.

Système de production

Le système de production du logement social peut être décrit comme l'enchaînement de quatre étapes principales, qui ont la caractéristique commune de se placer à l'articulation du cadre national et des pratiques locales. Ces étapes engagent, à ce titre, une double technicité intimement liée, financière et de maîtrise d'ouvrage. D'une part, sur le plan financier, des prévisions macroéconomiques doivent être stabilisées, parce qu'elles sont indispensables pour lancer au présent des projets de long terme, dont la destinée s'inscrit dans la ville au moins sur le demi-siècle. En ce sens, le logement social est pleinement arrimé à l'économie réelle, tout en cherchant à se prémunir de ses soubresauts. D'autre part, sur le plan de la maîtrise d'ouvrage, les organismes ont développé un savoir-faire original d'équilibre d'opération, quoique fortement administré. Comparable à l'artisanat, il conjugue des principes anciens inchangés depuis un siècle, dont une partie est strictement normée, mais associés à une progression technique des outils de simulation utilisés localement, faisant jouer la connaissance fine des territoires, comme les ficelles des métiers de la construction. C'est tout cet agencement de principes, de savoirs et de technicité qui permettent de consolider une véritable filière avec le temps.

Cadre normatif : pilotage national

Si les origines du logement social viennent du patronat philanthrope, sur le terrain, puis d'initiatives municipales, la politique du logement social s'est rapidement installée comme une émanation de l'État, avec un pilotage national. Celui-ci marque de son empreinte le système productif, en ménageant les conditions générales d'exercice de la mission, afin de répondre à un double objectif : produire beaucoup et pour le long terme. C'est pourquoi le logement social est pensé pour rester la propriété de ses organismes, comme gestionnaires d'un bien de la Nation. C'est pourquoi, également, le logement social s'est imposé comme un statut d'occupation majeur dans la structure du parc des résidences principales en France, avec un taux minimum fixé dans la loi. La première condition pratique pour y parvenir consiste à faire en sorte que les opérateurs en charge de produire puissent financer leurs programmes de façon efficace et constante. C'est tout l'intérêt de la mise à disposition des fonds privés du livret A pour le logement social, à travers des prêts spécifiques de long terme. Pour garantir la pertinence de ces prêts, qui, par définition, courent sur plusieurs décennies et dont la trajectoire économique est inconnue, un ensemble de règles strictes sont édictées, c'est la deuxième condition pratique de faisabilité. Elles permettent de limiter les risques financiers, tant pour la banque que pour l'opérateur, sous le contrôle de l'État garant ultime, sans oublier aussi la contribution des collectivités locales sous la forme de garanties.

Pour ce faire, une concertation régulière est menée à l'initiative de l'État, avec trois principaux acteurs. D'abord, la Caisse des dépôts, le financeur majeur du secteur, qui dispose d'une puissante direction des études en mesure de calculer des projections du taux du livret A sur le long terme et d'évaluer l'environnement économique de façon générale, en particulier l'estimation de l'inflation. Ensuite, intervient l'Union nationale des fédérations d'organismes HLM (USH), qui représente l'ensemble des organismes de logement social et donc la position des praticiens. Enfin, la Caisse de garantie du logement locatif social (CGLLS), établissement public où se retrouvent l'État et les organismes, rend compte de la bonne santé financière du secteur. En effet, c'est elle qui procède aux redressements ponctuels nécessaires, disposant ainsi d'un regard précis et opérationnel sur la gestion des organismes. Il découle de cette concertation un consensus sur l'environnement macroéconomique du logement social. Sur cette base, l'État met à jour un ensemble d'indicateurs et de formules de calculs qui définissent l'équilibre d'opération. Cette note technique fait référence pour l'ensemble des organismes et pour chacune de leurs nouvelles opérations, elle constitue le cadre commun de la production logement social en France. D'où le lien avec l'échelle locale, car chaque opération de logement est différente. L'habitat conjugue matières urbaines et sociales, au sein de l'économie immobilière fortement capitalistique, ce qui implique un haut degré de complexité et de risques.

1. Cadre normatif / ÉCHELLE NATIONALE

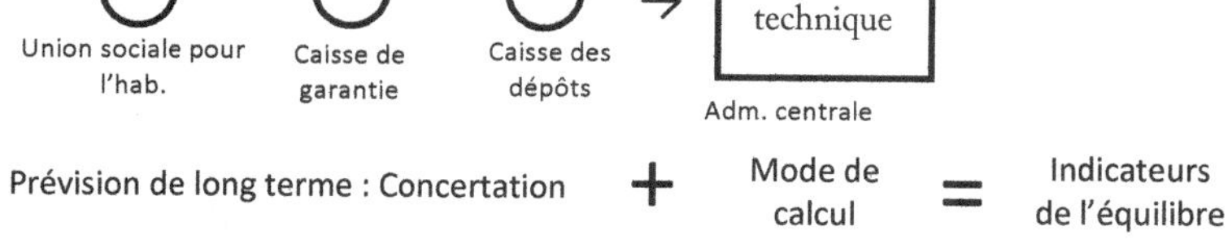

Principe directeur : équilibre d'opération

L'équilibre d'opération tel qu'il se résume dans la note technique renvoie à un principe directeur théorique qu'il convient d'expliciter. Le financement d'une opération de logement social se compose structurellement aux trois quarts de prêts à long terme de la Caisse de dépôts. Mais ceux-ci ne peuvent couvrir l'intégralité du coût de l'opération pour des raisons économiques, elles aussi propres au secteur. Les niveaux des loyers sont bas et réglementés ; la vente en bloc avec valorisation des prix de marché est proscrite ; les organismes HLM ne disposent que d'une faible dotation en capital social. Il s'agit bien d'une pratique de l'économie sociale, qui ne peut donc se financer en intégralité aux conditions de marché. L'opération ne peut fonctionner sur la formule de la ligne de crédit des promoteurs immobiliers français – d'autres systèmes existent dans d'autres pays –, qui remplissent au plus vite leur carnet de réservation pour se rembourser dès que possible, ou cherchent à placer des actifs financiers avec de confortables plus-values à la clé. Le tour de force de toute opération de logement social consiste donc à trouver, hors de la valorisation de l'actif, le quart du financement restant, qui prend deux formes : des aides diverses et un autofinancement.

À cette fin, les organismes peuvent éventuellement avoir recours à des crédits de marché pour un meilleur effet de levier, selon les opportunités de la conjoncture. Mais l'apport traditionnel le plus simple reste évidemment la subvention en numéraire. Or cette modalité de financement est aujourd'hui réduite et tend à disparaître, tant la réduction de la dette publique s'impose comme une priorité budgétaire, chaque année avec plus de gravité, sinon d'inquiétude. L'autre apport traditionnel est celui d'Action logement, sous la forme de prêts adaptés au secteur, en sachant que tous les organismes n'y ont pas accès en raison de leur statut, ce qui occasionne des débats interne. Enfin, l'autofinancement intervient sur la base de l'histoire de chaque organisme, en fonction des recettes mobilisables sur le parc existant, déjà amorti. La situation des organismes est donc disparate en la matière. Ces fonds sont apparus dans un volume significatif à partir des années 2000, ils reflètent l'amortissement de la vague de production des grands ensembles et ont été fortement mobilisés. Ils expliquent en très grande partie la forte capacité productive des deux dernières décennies.

Le financement complet, une fois réuni, vient répondre à un ensemble de charges. En premier lieu, ce sont les remboursements d'emprunts de la Caisse des dépôts qui s'effectuent par annuité. Il est important de souligner ce point, car depuis le milieu des années 1980, les organismes HLM ont pris l'habitude de souscrire uniquement des prêts à taux variables. Alors que l'inflation s'installait à l'époque sur une pente descendante, quasi continue jusqu'à une période très récente, ils étaient moins chers que les prêts à taux fixe qui prévalaient par le passé et ne se sont pas révélés, de fait, sources de difficultés. Chaque année, l'organisme s'acquitte de ses remboursements, en fonction du taux en vigueur, toute variation se répercutant sur ses charges dans son bilan. C'est pourquoi la remontée fulgurante du taux du livret à partir de 2020 représente un surcoût à court terme et une difficulté pour les directions financières des organismes. Et ce même s'il doit s'entendre comme un moment historique passager au sein d'une trajectoire globalement tempérée. De surcroît, la clause de double révisabilité permet de moduler les remboursements de capital et d'intérêt en fonction des variations de taux, pour en limiter les effets sur la trésorerie des organismes.

En second lieu, l'organisme doit prévoir les coûts qui découlent de la mise en service du bâtiment, que ce soient les charges non récupérables liées à l'entretien, mais aussi les services additionnels qui peuvent être prévus, ainsi que la maintenance des équipements. Des provisions pour le remplacement des composants, comme les chaudières, mais aussi pour les gros travaux intervenant à un horizon plus lointain sont anticipées. Ces provisions s'inscrivent dans le respect d'une bonne gestion, par exemple avec l'exigence de rénovation de façades. Bien entendu, de tels éléments relèvent d'estimations, de la même manière que la charge de la dette comporte une part d'incertitude. En revanche, les charges liées aux taxes ne relèvent pas du même type d'exercice d'anticipation et s'imputent plus directement, relatives aux taxes liées à la construction elle-même, puis plus tard à la propriété foncière, après une période d'exonération. En dernier lieu, intervient la recherche plus ou moins volontariste de reconstitution des fonds propres de l'organisme, qui s'apparenterait à une marge. Le taux de référence est fixé à 3 %, il correspond à une sécurité de bonne gestion, dans un bilan qui se projette sur plus de quarante ans.

Pour passer du financement complet de l'opération lors de l'année de lancement au paiement de l'ensemble des charges qui s'étalent jusqu'à la dernière échéance pour les prêts, qui continuent au-delà pour la maintenance, l'organisme dispose d'une seule recette, d'un joker et tient compte d'un risque. La recette est constituée par les loyers, qui représentent environ 20 milliards d'euros annuels à l'échelle du secteur. Son joker est la vente au locataire qui fait l'objet d'une procédure très encadrée. Le logement est préalablement remis en état et son prix de vente est assorti d'une décote. En effet, cette disposition s'inscrit dans le cadre d'un accompagnement social au parcours résidentiel des habitants, avec une exigence de sécurisation de leur situation. De plus, sur le strict plan du financement, comme le principe consiste à faire porter le remboursement des logements sociaux par les loyers, les locataires en place ont effectivement contribué au remboursement de leur logement, ce qui justifie la logique de la décote. Enfin, le risque pour l'organisme est celui de la vacance. Un logement vide est un logement sans loyer et donc une recette perdue. Des taux de vacances sont estimés, mais la réalité sur le long terme de la vie des quartiers peut aboutir à des situations non voulues.

En fin de compte, si tout fonctionne grosso modo comme prévu sur la durée, toutes les conditions étant recherchées pour cela, l'opération est non seulement équilibrée sur le papier, mais dans les faits. Elle peut même parfois générer une recette légèrement supérieure à celle qui avait été escomptée, surtout dans le parc ancien de très bonne qualité. Pour suivre l'évolution des opérations sur la durée, l'Agence nationale de contrôle des organismes de logement social (Ancols) a pour rôle d'opérer des audits réguliers à l'échelle des organismes, par cycle d'une décennie environ. Des études sont également publiées qui permettent aux organismes de se situer les uns par rapport aux autres. Cette précision est importante, parce qu'elle montre que l'équilibre de l'opération indispensable pour son lancement est tout autant une réalité de long terme en matière de gestion, à surveiller. C'est pourquoi l'expertise qui construit la définition initiale du projet comme celle qui le met concrètement en œuvre sont essentielles.

2. Principe directeur de l'équilibre d'opération / ÉCHELLE MICRO THÉORIQUE

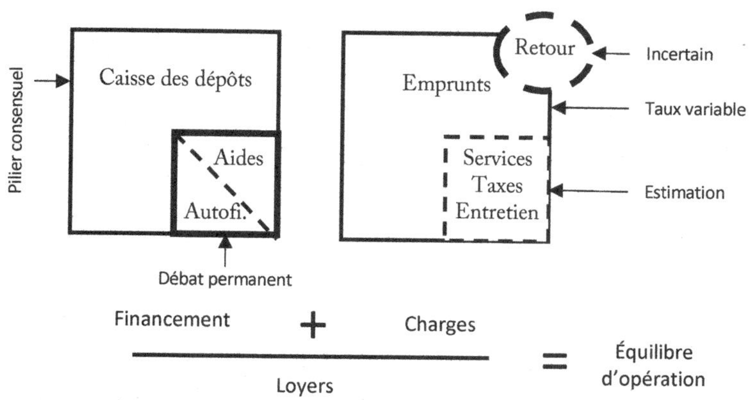

Montage et suivi : expertise interne

L'expertise à l'échelle interne de l'organisme constitue la preuve opérationnelle du principe directeur de l'équilibre d'opération. Elle le traduit en une réalité pratique qui fait du modèle économique du logement social l'équivalent d'un artisanat : un ensemble de règles simples rassemblent la profession, toute la difficulté réside dans la singularité de chaque projet. Pour prendre une image, l'objectif à atteindre est composé de surfaces planes et d'angles droits aux reliefs nets, mais la réalité de départ, celle du foncier par exemple, se présente toujours tangente, bosselée ou gondolée. Les équipes sur le terrain s'attachent alors à faire coïncider deux éléments, sur le même principe que doivent coïncider le financement et les charges en matière comptable. D'un côté, le programme, de l'autre le projet. Le programme s'inscrit dans le plan de développement de l'organisme, il comprend un certain nombre de logements répartis par typologie et niveau de loyer. Chaque organisme conçoit ses préférences, répartition des volumes de programmes, des typologies, en fonction de son parc existant et de ses choix de spécialisation. S'y ajoutent aussi des engagements ponctuels de l'organisme, dans l'intention de développer par exemple une innovation. Celle-ci peut être technique sur le bâtiment lui-même, ou organisationnelle pour répondre aux besoins spécifiques de certains habitants, en raison d'un handicap, par exemple. Le programme peut aussi être orienté en fonction de dispositifs incitatifs, visant par exemple à atteindre un haut niveau de performance énergétique, dans le but plus général d'accélérer le développement de la filière du bâtiment. Cette compétence de définition fine des besoins intègre tout autant dans ses choix les prescriptions politiques des territoires concernés, synthétisées dans les Programmes locaux de l'habitat (PLH) et enrichis des contacts réguliers avec les élus et les acteurs du secteur.

En face du programme, représentant l'intention normée et concertée du mode de développement du logement social, le projet : cas pratique concret, opportunité de réalisation, plus proche du domaine classique de l'immobilier. Car il part d'un foncier disponible, nu ou déjà bâti, à aménager, peut-être à dépolluer. Il comprend un ensemble d'études économiques, techniques, architecturales et urbaines, qui recherchent l'expression la plus adéquate entre le programme et le lieu de vie concret, qui sera habité au bout de quelques années, et qui prendra place dans la ville. Les services de l'organisme de logement social se placent alors au carrefour d'une variété d'expertises périphériques, faite de cabinets d'études et d'agences d'architecture, de bureaux techniques et de sociétés de conseil. C'est en cela que le logement social constitue un poumon de la vie urbaine, en tant que pratique professionnelle, articulant de nombreux savoirs, tous prenant leur part.

Mais depuis une quinzaine d'années, cette puissante expertise se partage en partie avec les acteurs privés de la ville, les promoteurs immobiliers, du fait du développement des achats de logement social en vente en état futur d'achèvement (VEFA), qui représentent aujourd'hui la moitié des logements sociaux produits. Cette technique a l'avantage d'accélérer la livraison des logements et de mieux mixer la composition des programmes. Elle a pu être critiquée comme occasionnant un surcoût de production, ce qui ne s'est pas avéré à l'examen statistique fin. En effet, elle est davantage utilisée dans les secteurs denses où les prix sont les plus élevés, étant alors moins chère à l'achat qu'une maîtrise d'ouvrage directe. En revanche, il est indéniable que cette pratique influence la fabrique urbaine et renvoie le secteur du logement social à la singularité de son modèle. Déléguer ainsi une part de ses savoirs internes constitue-t-il un avantage pour produire la ville de demain, le cas échéant, en quoi consiste cet avantage précisément ? Quelles en sont les conséquences et les limites ? Force est de constater que son avancée dans la pratique se traduit plus comme une opportunité devenue une habitude, que comme un projet explicite de transformation du mode de production et d'expertise des organismes. *A minima*, elle contribue à la banalisation du secteur au sein de l'économie immobilière. Le logement social s'inscrit désormais clairement comme une composante ordinaire des projets urbains, figurant dans la loi et dont les opérateurs s'accommodent des pratiques du marché, influençant leur expertise. Il n'en reste pas moins que la décision de lancer un projet, sur la base d'un programme, suit un processus strictement normé, qui dépend uniquement de la filière sociale.

3. Savoir faire Montage d'opération / ÉCHELLE INTERNE À L'ORGANISME

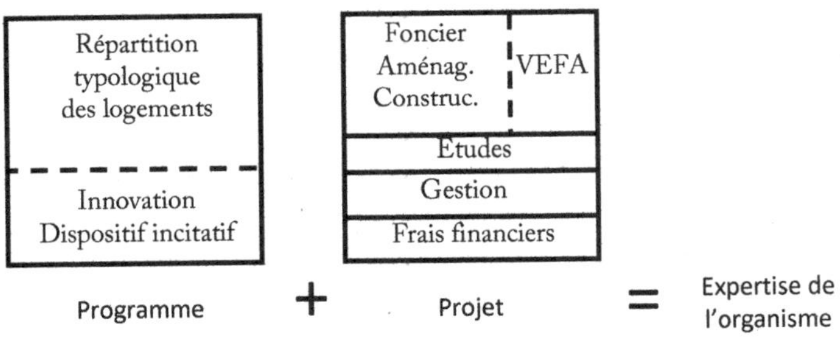

Processus de certification : local et déconcentré

Le processus fonctionnel de déclenchement d'une opération illustre une fois encore le modèle économique du logement social, comme articulation entre local et national, initiative du secteur et contrôle de l'État. La décision implique trois étapes successives, par trois acteurs différents, l'ensemble de la démarche étant portée par la direction de l'organisme. Premièrement, c'est la proposition de programme et de projet qui est présentée par la direction à son conseil d'administration, ou l'instance délégataire. Il s'agit d'examiner une opportunité stratégique identifiée par les équipes. L'expertise interne de l'organisme est alors soumise à une discussion politique, faisant intervenir le point de vue d'acteurs variés, en lien avec le territoire et le monde économique. Une fois acceptés, le programme et le projet peuvent être présentés à la Caisse des dépôts qui procède elle aussi à son propre examen, selon des variables différentes, économiques et financières. C'est ici que la situation globale de l'organisme intervient et que s'exprime sa stratégie, pouvant admettre sur certaines opérations un engagement de fonds propres importants, un déficit passager, voire la mobilisation de produits financiers spécifiques. La Caisse des dépôts est organisée en antennes régionales, où l'expertise financière nationale se double d'un regard fin sur les marchés locaux et l'état du secteur. Cette deuxième phase pourrait être qualifiée de temps de l'analyse. Enfin, une fois que les prêts peuvent être lancés, une troisième étape intervient du côté de l'État local, c'est la délivrance des agréments, qui pourrait être qualifiée de validation. Cette étape consiste tant à vérifier la répartition spatiale du logement social au sein du territoire concerné que la cohérence du plan de financement au regard de la situation de l'organisme. Ainsi, l'État encadre tant au début de la chaîne, avec les indicateurs d'équilibre d'opération, qu'à la fin de la chaîne, au moment du lancement concret du projet. Mais cet encadrement se fait en concertation, tant sur le plan macroéconomique, que sur le plan de l'autorisation administrative, l'État restant finalement toujours en retrait du fonctionnement du système productif lui-même. Cela s'explique en partie parce que le système d'ajustement qu'il met en place est lui aussi devenu grandement indirect.

4. Processus fonctionnel de certification / ÉCHELLE LOCALE ET DÉCONCENTRÉE

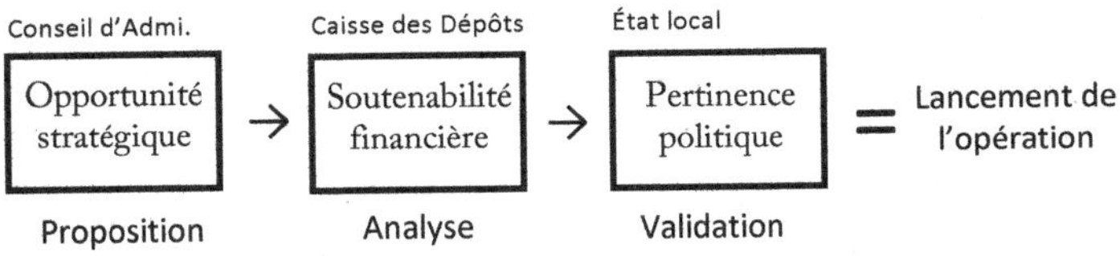

Système d'ajustement

Le système d'ajustement du logement social est l'élément qui permet de réguler sa production, dans le double objectif de maintenir, dans la mesure du possible, un volume adapté, tout en limitant la consommation de financement public. Il comporte une dimension conjoncturelle et une dimension de trajectoire structurelle, qui concentrent toutes deux les débats pour des raisons différentes. En permanence, rythmé par les lois de finances et les congrès HLM, le secteur et l'État négocient l'actualisation de la ligne budgétaire que consacre la Nation à sa politique du logement, dont une partie porte directement sur le logement social. Les modalités techniques en sont diverses. De façon plus transversale, le secteur et l'État envisagent l'évolution du logement social sur le temps long, comme émanation d'une action publique qui se renouvelle. Le logement social étant une réalité installée depuis un siècle dans notre pays, il est normal que son avenir soit pensé et discuté. Encore faut-il définir les bases communes des stratégies possibles, au regard de l'histoire.

Modalités de bouclage : aides et contrainte

Le bouclage d'une opération de logement social relève souvent de la gageure. Les niveaux de loyers conventionnés sont faibles et les coûts du foncier et de construction si élevés depuis plusieurs années, que même l'étalement sur quatre décennies ne permet pas de couvrir l'ensemble des dépenses. C'est pourquoi une grande part de l'expertise des organismes, comme des efforts de l'administration centrale, se concentrent sur les aides complémentaires. Le système principal d'aides de la caisse des dépôts reste très puissant pour porter le secteur financièrement, lequel investit de l'ordre de 17 milliards d'euros par an dans les territoires. Mais la réalité du marché de l'immobilier est telle que, paradoxalement, les derniers euros des opérations restent souvent les plus compliqués à trouver. De façon plus problématique, un système de péréquation complexe peut même être mis à place, à défaut d'équilibre anticipé, c'est-à-dire en dépit de pouvoir appliquer la règle traditionnelle. La pratique coutumière de production du logement social a changé, depuis la grande époque de la reconstruction centralisée. C'est pourquoi il est important de décomposer ces aides complémentaires. Elles peuvent être classées en trois grandes catégories.

Une première catégorie est celle des aides externes. Le logement social va chercher des fonds en dehors de son circuit de financement propre, lié au livret A ou aux fonds des organismes. Une option évidente est celle des subventions publiques. Car elles existent encore, même si elles sont réduites à un apport symbolique de quelques milliers d'euros par logement, en lien avec leur agrément. Ces subventions sont automatiques et prouvent en numéraire la contribution de l'État à la construction. Elles justifient, en quelque sorte, le caractère normatif du logement social puisqu'il demeure une activité subventionnée, quoique marginalement. Mais en réalité, ces aides restent de l'ordre de la survivance des anciennes politiques historiques massives dites d'aides à la pierre. En effet, l'État a délaissé cette forme de soutien en volume, pour se concentrer sur l'expertise partagée de leur répartition. Celle-ci s'exprime dans la gouvernance du Fonds national des aides à la pierre (FNAP), où sont représentés l'État, le Parlement et les collectivités locales, ainsi que les organismes de logement social. Cette instance joue de ce fait davantage un rôle politique qu'économique.

Parallèlement, l'autre versant des aides externes est celui des fonds privés. Ils se répartissent différemment selon les types d'organismes et abondent de façon privilégiée les sociétés anonymes, de droit privé. Ainsi, des banques comme la Caisse d'épargne, Arkea et le Crédit mutuel, le Crédit agricole, par exemple, ont de longue date développé des produits pour les acteurs du logement social et certains ont même pris des participations actionnariales dans les organismes. De façon plus traditionnelle, interviennent également les fonds d'Action logement, émanant de la cotisation des entreprises. De récents débats sur le classement statistique de cette entité, suite à sa réorganisation, tendent à la rapprocher de la sphère publique. Mais elle n'en demeure pas moins dans son sens et par son histoire une initiative du monde économique, inscrite dans l'économie sociale, accompagnée et non décidée par l'État qui l'a seulement généralisé.

Ainsi, les besoins structurels d'aides externes pour le bouclage des opérations comptent davantage en volume sur les aides privées, mais l'État conserve un important rôle d'organisateur. Il intervient aussi, de façon beaucoup plus substantielle, sur un ensemble d'aides techniques. Compte tenu des difficultés à boucler des opérations qui répondent à une mission d'intérêt général, des ajustements sont, en effet, prévus pour limiter la contrainte économique. Une première intervention consiste en un avantage de taux. Plutôt que de taxer le logement social sur certains produits au niveau le plus élevé de taxe sur la valeur ajoutée (TVA), le taux intermédiaire peut être choisi. Ce classement n'a rien d'anodin vu le volume d'activité, et varie de façon récurrente à la hausse comme à la baisse, en fonction de la conjoncture économique. Ce type d'ajustement technique permet de lisser les fluctuations de l'environnement du logement social. Son but est de faire en sorte que l'équilibre global parvienne toujours à s'imposer.

La seconde intervention consiste à prévoir des exonérations. La plus importante pour le logement social est celle qui renvoie à son activité d'accumulation foncière. Le parc des organismes constitue un patrimoine immobilier, de ce fait assujetti par nature à la taxe foncière sur les propriétés bâties (TFPB). Mais là encore, son poids est allégé pour permettre au secteur de se développer, compte tenu de l'intérêt public qu'il assure. Une exonération dure ainsi un quart de siècle. Elle peut se transformer ensuite en réduction d'impôt sous certaines conditions : les travaux d'amélioration de l'accessibilité des immeubles et leur adaptation aux personnes souffrant de handicaps sont pris en compte. Le dispositif initial se prolonge sous une autre forme pour accompagner la progression de la mission du logement social. Il s'agit ici moins d'une adaptation conjoncturelle que de la substitution d'une aide à une autre, comme si elle en découlait logiquement avec le temps. C'est pourquoi elle peut faire débat sur le fond, puisqu'elle ne s'applique pas au parc privé. À travers les aides techniques, l'État retrouve de la marge de manœuvre financière sans passer par la dépense effective.

Enfin, le troisième volet des aides, interne au secteur, renvoie à la marge d'autogestion de ses fonds propres. Le fonctionnement s'opère grâce à un double mouvement. Le premier mouvement, directement lié aux pratiques professionnelles, est celui de la circulation du potentiel financier entre les organismes pour favoriser le développement du parc de logement social. Différents dispositifs existent de mutualisation, d'arbitrages au sein des groupes, qui ont tous le même but : aider les organismes qui veulent construire par des mécanismes de solidarité interne au secteur. L'incitation par l'État au regroupement des organismes va dans ce même sens. Mais il faut le réinscrire dans l'évolution longue de son rôle dans le financement du logement social. Après la baisse des subventions, puis le contrôle de plus en plus strict des aides techniques, une nouvelle étape est franchie en intervenant directement sur le mode d'organisation du secteur, à travers la gestion de la circulation des fonds propres. Plutôt que de travailler sur une territorialisation de la cartographie des organismes, par exemple, ou sur la généralisation des accès aux divers financements par un statut unique d'organisme, l'État a privilégié une stratégie strictement financière. Mais celle-ci correspond en fait à l'amplification d'un mouvement déjà présent dans le secteur, qui s'explique par le deuxième mouvement interne, plus profond.

La base du potentiel financier résulte de la bonne gestion passée. Avec une trajectoire d'un siècle et une très forte activité de construction durant les Trente Glorieuses, les organismes disposent d'un volume important de logements toujours en service, dont les prêts initiaux de la Caisse des dépôts arrivent à échéance. Ils génèrent donc des recettes importantes, lorsqu'ils n'impliquent pas de rénovations impérieuses. Cette masse financière se régule progressivement sous la forme de réinvestissements dans de nouvelles constructions et contribue pleinement au bouclage des opérations depuis le début des années 2000. Les retours de fonds propres des organismes suivent en fait la courbe de la construction de logement social avec un différé de la durée de prêts, à une époque où les subventions en aides à la pierre étaient également beaucoup plus volumineuses. En conséquence, la baisse de la construction des années 1980, qui atteint des niveaux historiquement faibles à la fin des années 1990, signifie que les ressources en fonds propres des organismes, actuellement abondantes, vont aller en s'amenuisant. C'est l'effet de long terme, en différé, de l'investissement dans le secteur. Il permet d'interroger la projection du modèle économique.

Mais avant de l'analyser, un dernier élément doit être signalé, qui obère une partie des effets des aides cumulées. Depuis la loi de finances 2018 est instaurée une forme de malus sur les recettes des organismes, la réduction de loyer de solidarité (RLS). Pensée comme le pendant du surloyer de solidarité (SLS), elle vient en réalité contribuer au financement de la baisse du budget des aides personnelles au logement (APL). Il s'agit d'une nouvelle étape d'optimisation des modalités de l'action publique qui, à force de contractions successives, dépasse le point zéro pour introduire une aide négative. Alors que, jusqu'à présent, le secteur du logement social était seulement un secteur aidé, désormais, il se voit simultanément un secteur contributeur direct à la réduction de la dépense publique, sous une forme spécifique. Cette disposition s'explique par un diagnostic implicite de l'État posant que l'accumulation d'aides publiques dans le secteur du logement social, sur le temps long, créée une immobilisation de capital public, qui ne ressortirait pas suffisamment dans les niveaux de loyers ou en production nouvelle. La ponction vise ainsi à recouvrer directement dans les fonds publics une partie de ce capital considéré comme inactif, tout en enjoignant le secteur à utiliser de façon plus intense sa partie restante, sous la forme d'une financiarisation interne de son fonctionnement.

5. Aides et contrainte / MODALITÉS DE BOUCLAGE

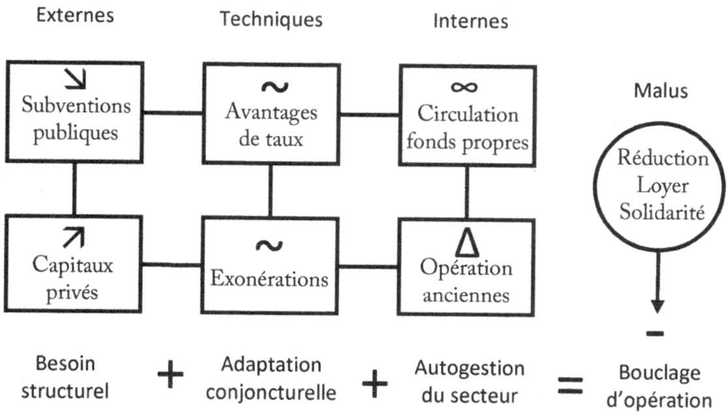

Projection du modèle : pérennisation optimisée

La projection du modèle économique du logement social n'est pas claire actuellement, tout simplement parce que le secteur a traversé un siècle de politique du logement. Sur cette durée, les fondamentaux perdurent autour du système de production porté par la Caisse des dépôts. Mais la gestion du parc déjà produit, 5 millions de logements sociaux actuellement en service, s'interprète plus difficilement. Puisqu'à l'origine le but était de constituer un parc, la question de savoir ce que signifie économiquement ce parc une fois constitué n'était pas directement posée. Sa place structurelle désormais dans le mix des statuts d'occupations, de la même manière qu'on parle du mix énergétique, demeure une question ouverte. Il est cependant possible d'aborder ce débat d'économie politique à travers deux repères théoriques, entre lesquels se place une réalité plus pragmatique.

Un premier idéal théorique interventionniste se place du côté de l'économie sociale. Il est basé sur l'investissement public et correspond à la tradition du logement social marqué par son histoire. Le secteur est fortement aidé pour renouveler qualitativement, en grande quantité, le parc dévolu aux ménages aux revenus modestes. Comme le marché ne répond pas convenablement au besoin d'une part significative de la population, la puissance publique se doit de le prendre en charge au nom de la dignité par le droit au logement. Le raisonnement se construit à côté du marché, dans un cercle vertueux. Poussant cette logique théorique jusqu'au bout : l'effort pour constituer le parc diminue à mesure que son volume s'impose dans les faits. Après un siècle d'effort, il est raisonnable de penser que le gros du travail est effectué, que le soutien public pourrait tendanciellement baisser. Ainsi, un basculement approche d'un secteur substantiellement aidé à un secteur ayant gagné une certaine autonomie, grâce à un modèle singulier d'économie sociale. Il tendrait naturellement vers son auto-portage, grâce au parc amorti et aux ventes, permettant de tempérer la machine constructive pour opérer des arbitrages patrimoniaux. À partir des 5 millions de logements, il serait possible d'obtenir un équilibre entre cessions et construction pour gérer l'adaptation du parc de logement en fonction de l'évolution des besoins. Cette logique a sa cohérence, mais elle comporte une limite qui est peu considérée par les acteurs.

Ici, le logement social est entendu comme un modérateur de l'ensemble du parc, comme si l'évolution du mix des autres statuts d'occupations n'avait pas d'influence sur lui. Or la mobilité interne au parc social dépend par définition de la capacité des autres segments du parc, dans le locatif privé et via l'accession, à accueillir les ménages du logement social dont la situation se serait progressivement améliorée, autrement dit, une capacité d'absorption des flux externes. Dès lors que les conditions d'accès à ces deux autres segments ne sont pas favorables, la file d'attente augmente mécaniquement dans le logement social, sans que l'auto-portage du secteur ne puisse suffire. L'économie sociale du logement social n'est donc pas hors marché, elle conserve de grandes interactions avec lui. Son succès dépend en ce sens du succès de l'ensemble de la chaîne du logement, sans quoi son auto-portage ne serait qu'une utopie, dans une course sans fin productiviste.

Le second idéal théorique, en forme d'antithèse, est plus libéral et se place résolument du côté du marché. Le logement social ne s'entend plus selon sa tradition, mais comme un segment de marché aidé dans la gamme de logement de qualité à faible loyer. Il représente une offre en face d'une demande. Pris aujourd'hui, c'est un marché de 5 millions de logements, qui a été aidé et se doit de poursuivre sa mission en fonction de la nouvelle donne économique : un État surendetté, d'autres politiques prioritaires comme la défense nationale ou la santé, l'éducation. Le siècle écoulé serait aussi la fin d'un cycle de l'État social. Le logement social en tant qu'outil aurait suffisamment coûté pour considérer qu'il serait arrivé à maturité. Preuve en est, son volume est maintenant proche de celui du parc locatif privé et quel sens y aurait-il à organiser le marché du logement avec une majorité de logements locatifs sociaux, dans un pays comme la France ? En effet, ce projet politique n'a jamais été à l'ordre du jour. L'objectif consisterait donc à favoriser la mise en marché du logement social, non pas sa vente massive comme en Angleterre, mais dans la suite du modèle français, via une gestion patrimoniale efficace de l'actif. Le principal produit en substitution des aides est la vente, dont les modalités pourraient être diversifiées pour s'inscrire dans une logique de flux. Au productivisme du premier siècle du logement social se substituerait, au deuxième siècle, une logique de redéploiement jouant sur les flux.

La limite de cette approche est différente de celle de la précédente. Le problème n'est plus celui de la faisabilité, mais celui des risques. Il est toujours possible d'accélérer la gestion dynamique du parc en développant davantage les cessions pour se recentrer sur les marchés locaux en croissance et cultiver une certaine autonomie d'acteur économique, en réponse aux nouveaux besoins. Mais cette stratégie a pour conséquence de démanteler l'acquis du poids structurel du parc social, sans la garantie de constituer à nouveau une même puissance d'inertie, pour le deuxième siècle de cette politique publique. En effet, le problème est double. Céder largement le parc social ne reviendrait qu'à le transférer à d'autres acteurs de marché. Et le marché a prouvé son incapacité structurelle à loger les ménages aux revenus modestes. Cet effet de transfert d'un parc où a été emmagasiné de l'investissement public risque de voir celui-ci s'évaporer dans un sous-investissement chronique. D'autre part, la constitution d'un nouveau parc social centré sur les marchés les plus attractifs et donc les plus chers répond, certes, à une demande, mais l'absence d'aides massives limite les capacités d'obtenir des loyers faibles. Cette phase de redéploiement aurait ainsi pour conséquence d'immobiliser une grande quantité de capital interne au secteur dans les nouveaux logements, avec une probabilité de retour des fonds propres plus faible que les opérations passées. L'effet multiplicateur de l'investissement d'intérêt général initial irait ainsi décroissant, à moins d'avoir l'assurance que les bâtiments construits aujourd'hui seraient structurellement moins consommateurs en rénovation que les bâtiments construits par le passé. Ce point mériterait d'être examiné, il n'est à ce jour pas prouvé.

Au fond, la réalité de l'économie du logement social actuelle est peut-être à la croisée de ces deux logiques théoriques opposées, dans une économie mixte qui se cherche. Elle serait celle de la recherche du minimum de dépense publique effective, conscient que pour avancer le secteur implique forcément d'être aidé, sans trop compter sur son auto-portage incertain. Il s'ensuit une contraction interne, la recherche de marges de manœuvre inexplorées, des arbitrages parfois forcés dans leur logique et en miroir quelques postures attentistes, évoluant dans une approche exploratoire. À défaut d'intuition préalable pour faire advenir le deuxième siècle du logement social, domine une séquence de test de pérennité, dans laquelle rien ne garantit que l'effort public passé pourra être sanctuarisé, ni que de nouvelles formules pour l'avenir pourront être trouvées. Le modèle économique du logement social bute sur l'absence de véritable commande politique globale dans laquelle s'inscrire. La question du logement social est renvoyée à celle du deuxième siècle de la politique du logement en général. Mais elle invite parallèlement à examiner la trajectoire du logement social dans son évolution sur le plan du modèle économique, et donc au projet du logement social porté par le secteur lui-même.

6. Recherche de pérennisation optimisée / PROJECTION DU MODÈLE

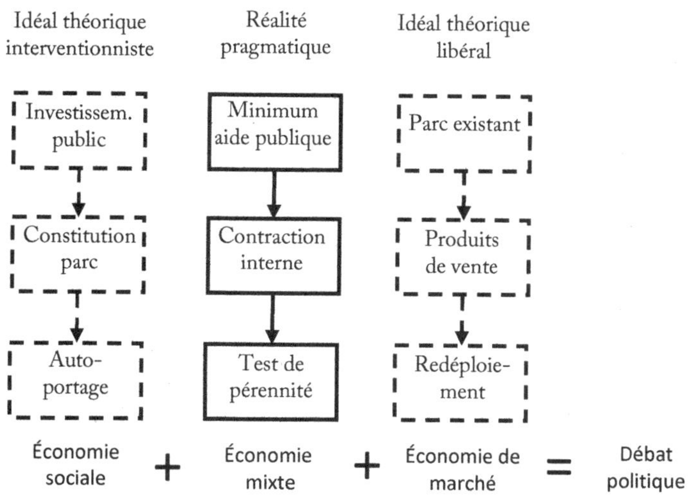

Évolution du modèle

L'évolution du modèle économique du logement social peut être résumée selon une décomposition simple, parce que déjà éclairante : sa formule originelle, son adaptation actuelle, la problématique nouvelle qui ne manquera pas de s'imposer. Ce résumé en trois moments permet de comparer trois équations successives, dont les paramètres changent légèrement. Chacun donne des indices sur l'interprétation d'un modèle dont la logique s'est en fait transformée fondamentalement, sans que cette nouvelle donne ne soit forcément prise en compte par les acteurs. En effet, la permanence du circuit de financement spécifique et la représentation commune d'un recul sans fin des aides de l'État masquent des inflexions qui inviteraient à théoriser davantage le modèle économique du logement social, pour mieux le projeter dans son deuxième siècle d'existence. Cet effort de théorisation permettrait de cerner les instruments d'action disponibles pour en inventer de nouveaux, au regard d'une formulation plus explicite et donc adéquate des objectifs. En privilégiant une gestion pragmatique, le logement social a peut-être paradoxalement fragilisé son modèle, dans le sens où celui-ci serait trop entendu comme une donnée, fiable, du problème, alors qu'il dérive plutôt vers des risques croissants.

Formule originelle : développement d'un secteur

L'enjeu initial du logement social était de mettre en place un système de production efficace, capable d'améliorer la qualité, de tirer vers le haut les conditions d'habitations des Français. C'est toute l'histoire glorieuse du logement social devenue une quasi-mythologie. La stratégie consiste à bâtir non seulement des logements, mais tout un secteur spécifique, avec sa propre économie. Or comme l'immobilier est une activité fortement capitalistique et qu'en l'occurrence elle engage des fonds publics, il est essentiel de maîtriser les risques. Pour cela, une garantie est imaginée, imparable parce que fondée sur un principe analogique. C'est l'équilibre d'opération systématique, qui se généralise à l'ensemble du parc, d'un en un. Les termes du problème sont alors les suivants : le pays dispose d'une filière en développement, donc fragile, mais le risque est limité car le volume de logement au départ est faible, fondé seulement sur le neuf. C'est le choix du neuf, à l'opposé d'une autre stratégie possible qui aurait consisté à conventionner massivement l'ancien pour le rénover, ou conventionner le parc d'opérateurs privés. Chaque opération doit être équilibrée, ce principe est généralisé, ce qui permet l'équilibre du secteur de façon assurée.

7. Formule originelle / GARANTIR LE DÉVELOPPEMENT D'UN SECTEUR

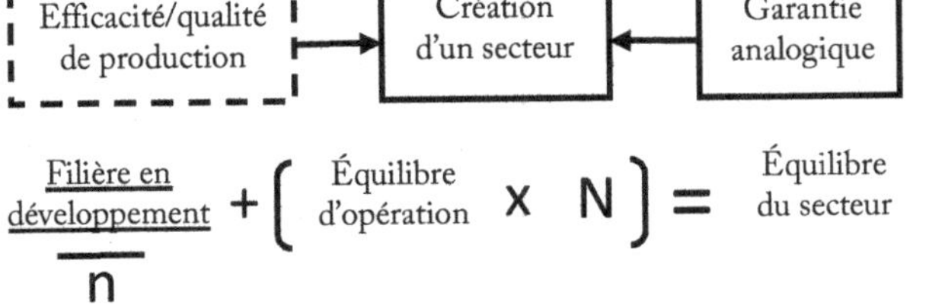

Adaptation actuelle : autonomie du secteur

Une fois la filière en place, l'investissement lourd de constitution du secteur peut être considéré comme achevé. L'objectif se modifie vers la réduction de la dépense publique. S'il était nécessaire et acceptable au départ de dépenser beaucoup pour mettre en place une politique publique nouvelle, sa pérennisation implique d'atterrir sur un financement plus sobre. La stratégie consiste alors à optimiser le fonctionnement du secteur. C'est tout le travail d'autocontrôle des organismes, sur les coûts de gestion et la recherche de performance sociale, jusqu'à la circulation de leurs fonds propres. En quelque sorte, une phase de finition, de travail dans le détail, intervient jusqu'à admettre ponctuellement des déséquilibres d'opération. Ainsi stabilisés dans son développement, les organismes peuvent s'autoriser des projets qui dérogent au principe originel, parce qu'il y a désormais une garantie théorique qui maîtrise le risque. En effet, l'équilibre global de l'organisme permet d'absorber çà et là des projets financièrement plus audacieux, sachant que le secteur dispose désormais d'un parc volumineux. C'est le bénéficie d'une filière constituée qui permet d'aller chercher des ressources internes. Dans la mesure où les déséquilibres d'opérations sont ponctuels et n'ont vocation que de rester marginaux, portant sur un petit nombre de logements, l'incertitude qui en découle est modérée, donc acceptable.

8. Adaptation actuelle / CHERCHER L'AUTONOMIE DU SECTEUR

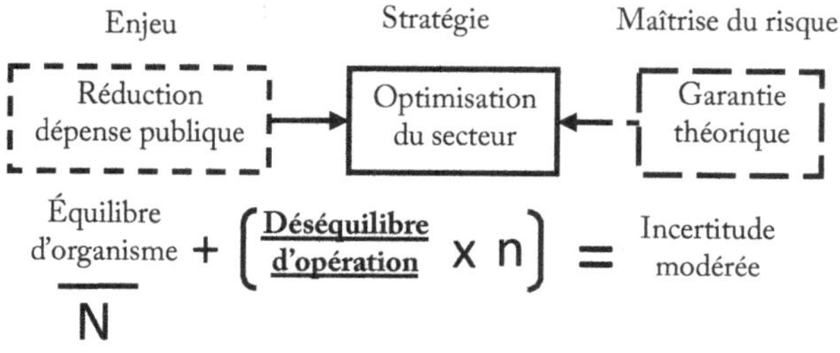

Problématique nouvelle : intégrer un défi impérieux

L'état actuel pourrait se prolonger, avec les limites de pérennité soulevées par la projection du modèle au regard de son système d'ajustement, mais un enjeu nouveau vient remettre en cause plus directement l'équation. Jusqu'à présent, l'entretien du parc était intégré au modèle économique de base. Une fois l'emprunt de la construction remboursé, les recettes suffiraient à couvrir les frais et permettre de nouveaux investissements en développement. Or l'enjeu des transitions énergétiques et climatiques implique des rénovations beaucoup plus lourdes qu'escomptées. Celles-ci doivent en plus se massifier, jusqu'à envisager la seconde vie des bâtiments. Le triptyque construction, rénovation, démolition ne s'appliquera plus de façon aussi mécanique, il passera par des phases de réhabilitation plus ambitieuses. Dans ces conditions nouvelles dont les modalités de mise en œuvre ne sont pas définies, et se placent hors du modèle du premier siècle du logement social, un surinvestissement dans le parc existant est certainement nécessaire, qui pose une double difficulté : les provisions pour l'entretien seront-elles suffisantes pour assurer les travaux, les fonds propres seront-ils captés complètement, obérant le potentiel financier pour le développement du parc ? Voire, faudra-t-il structurellement des apports externes ?

Avec cette nouvelle donne, l'hypothèse de la vente à terme n'apporte rien, elle perd son pouvoir d'entraînement pour l'autofinancement, puisque la vente sans travaux énergétique serait rapidement assimilée à la cession d'un parc dégradé. L'option de viser une péréquation généralisée sur le secteur entier, pour une circulation libre du capital au sein du secteur pourrait être tentée, y compris en pratiquant le déséquilibre d'opération à grande échelle. Mais ces conditions impliqueraient de poser un déséquilibre avéré, et donc une absence de garantie de stabilité du système. Il en découle que relever le défi du bâtiment durable ne peut se faire sans adjonction massive de capital. Puisque l'option de subventions classiques est improbable, voire exclu, il est donc logique de chercher à ainnover sur le plan des outils financier et sur la base des fonds privés. Le secteur du logement social a l'avantage de disposer d'une expertise solide en ce sens avec le livret A, issu lui-même des fonds privés. Il conviendrait d'inventer une nouvelle modalité complémentaire qui bénéficierait des mêmes performances et stabilité. Sachant que l'enjeu du bâtiment durable porte sur l'ensemble du parc et pas seulement sur le logement social. On retrouve alors le grand basculement historique de la réforme du financement de la politique du logement intervenu en 1977, privilégiant l'aide à la personne sur l'aide à la pierre. En effet, l'aide à la personne a porté progressivement sur l'ensemble du parç potentiellement, dans le but de garantir des niveaux de loyers suffisants pour améliorer l'état du parc en général. Un demi-siècle plus tard, l'enjeu n'est plus le rattrapage du confort dans les logements, mais la ville durable, la neutralité carbone.

9. Problématique nouvelle / INTÉGRER UN DÉFI IMPÉRIEUX

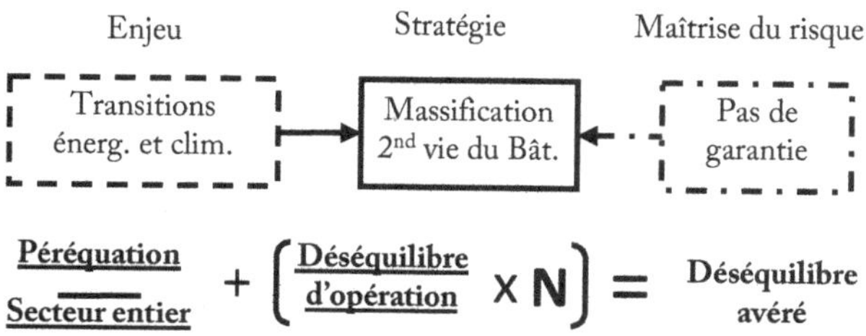

Conclusion

Le modèle économique du logement social peut se résumer en la combinaison de deux éléments savamment complémentaires, qui symbolisent l'un le national, l'autre le local, l'un le temps long de la ville, l'autre le temps quotidien, social, parfois urgent de la gestion de projets, l'un la stabilité pour investir, l'autre l'opportunité pour se lancer. D'un côté, l'armature de la Caisse des dépôts qui offre la ressource financière majeure, constante, pour l'ensemble du secteur aux mêmes conditions, assurant un volume de projets qui se hissent au rang d'aménagement du territoire et donc de politique publique stratégique pour le pays. De l'autre côté, l'ensemble coordonné des aides, avantages multiples et autres prêts complémentaires qui, habilement combinés par l'expertise de chaque organisme sur chaque nouvelle opportunité donnée, permet de déclencher les projets, d'entretenir le patrimoine, de mettre œuvre une politique publique différenciée en fonction des besoins des territoires.

Ces deux éléments se retrouvent dans une composante commune qui en cimente la cohérence, la solidité : le balancement désormais permanent entre équilibre de référence et déséquilibre contrôlé de l'opération, principe général et donc applicable en tout cas. C'est de lui que découle la performance du modèle et donc l'arbitrage entre la volonté de déploiement de l'action et la prudence qui commande à l'optimisation. De cette équivoque logique découlent plusieurs discussions, qui invitent à entretenir l'esprit d'innovation.

Discussion

Artisanat
Sur une compétence technique

Les organismes de logement social se situent au centre d'un triptyque composé de l'État, de la Banque des territoires et d'Action logement. Chacun de ces éléments, qui a trouvé sa place historiquement, est essentiel à l'équilibre du système. Jusqu'à présent, les tentations de déstabilisation ponctuelles n'ont jamais été menées à leur terme, du fait des risques en chaîne qu'elles pourraient déclencher. Dans les années 2000, le rapport Camdessus proposait, par exemple, de transformer le livret A en véritables placements d'épargne, mais le gouvernement n'avait pas suivi cette piste désormais oubliée. Le débat sur la décentralisation de la politique du logement est, quant à lui, récurrent, mais le transfert aux départements de l'APL, sur le modèle du revenu de solidarité active (RSA), n'est pas à l'ordre du jour non plus. L'État garde encore la main sur cette politique sociale, à la différence, par exemple, du système allemand dans lequel, d'un Land à l'autre, les aides peuvent être différentes. Enfin, la négociation de la convention d'Action logement génère chaque fois des crispations, à mesure que l'échéance de la signature approche et que l'endettement public se creuse, mais la remise en cause du paritarisme à la française et donc de la démocratie sociale se justifie difficilement. En définitive, ces trois piliers assez stables, par-delà les débats, définissent un écosystème d'ensemble simple pour le logement social. Ils constituent en quelque sorte des ressources, de la même manière que les infrastructures publiques et le modèle social le sont pour le secteur économique marchand. Il s'ensuit que le cœur économique du fonctionnement réel du logement social se passe ailleurs, au quotidien, dans le mode de gestion de chaque organisme pris séparément, cherchant des solutions dans cet écosystème donné. Le point de vue interne à l'organisme s'avère donc pleinement à considérer.

Savoir-faire

L'activité d'un organisme de logement social est fondée sur la complémentarité d'une double mission : construire et gérer. Cette caractéristique le différencie, d'une part, des promoteurs, dont le modèle économique est tourné vers la vente, si possible avant même que l'immeuble ne soit sorti de terre. D'autre part, il se différencie des foncières et gestionnaires d'actifs, dont l'immobilisation de capital se justifie par la rémunération dans un calcul bénéficie-risque. Cette position singulière du logement social dans le monde de l'immobilier ne fait sens que par une autre caractéristique : l'obtention d'un loyer bas grâce à la conception originale du programme, dont l'organisme demeure propriétaire. L'économie du logement social consiste ainsi à positionner dans la ville des immeubles à bas prix, en retrait des logiques de marché. Pour cela, un ensemble de techniques sont mises en place qui représentent le savoir-faire propre au secteur. Les organismes se concentrent sur le taux de rendement interne de chaque opération, associé à leur capacité de faire vivre l'opération dans la durée. C'est sur ce point que la conception du modèle économique est indissociable de la mission spécifique qui le distingue du logement ordinaire.

La mission économique du logement social revient à proposer des logements de qualité pour des ménages ne pouvant se loger convenablement aux conditions du marché. C'est ce qui justifie le rattachement du logement social au service d'intérêt économique général, défini dans le cadre de l'Union européenne. Mais cette mission économique se double en France d'une exigence d'intégration républicaine, qui se traduit par l'objectif de mixité sociale, au carrefour des politiques sociales et urbaines. Le logement social étant constitué comme tel par nature et pas seulement par destination, il prend place durablement dans la ville et doit être à ce titre bien réparti, afin de pouvoir bénéficier à l'ensemble de la population éligible, tout en jugulant les phénomènes de ségrégation. C'est toute la force et la complexité de la mise en œuvre du modèle français, constituant l'élément structurel central de la politique du logement de notre pays. La comparaison avec le secteur de la production énergétique et le choix historique du nucléaire peut être mobilisé pour illustrer ce raisonnement.

Les débats font régulièrement polémique sur les risques inhérents à cette technologie atomique, sur la gestion de ses déchets, sur l'horizon lointain et seulement théorique de leur réemploi, sur les coûts de réinvestissements et le déploiement de nouvelles générations de réacteurs. Mais cela ne doit pas faire oublier les choix stratégiques historiques opérés à l'origine et qui engagent de ce fait le pays sur une trajectoire longue, qu'on le veuille ou non. Les ressources naturelles de la France étant limitées, la volonté de développement industriel, couplée aux impératifs de défense nationale, a conduit à miser, de façon en quelque sorte irrémédiable, sur le nucléaire. Une fois lancé sur cette voie, il n'est plus possible de revenir en arrière ni de changer d'un coup de modèle, sachant que l'investissement sur le développement d'une technologie de substitution massive est forcément faramineux et long. Ce sont ces grands choix de société portant sur ses infrastructures qui font la spécificité des modèles nationaux et limitent la portée des comparaisons internationales ou la référence à des moyennes statistiques, souvent utilisées à l'échelle européenne. Il en est de même pour la question du logement.

Dès les origines de sa politique, la France a fait le choix de concevoir la régulation de la question du logement à travers des organismes spécifiques, travaillant à partir d'un circuit de financement dédié, sous la double influence de l'État et du monde de l'entreprise, d'abord paternaliste puis inscrit dans le paritarisme, mais aussi municipaliste. Pour des raisons qui mériteraient d'être approfondies, relatives certainement au goût de l'État central, à l'attachement à la propriété, à la culture de l'intérêt général, à la conception de l'architecture comme bien culturel, le logement social s'est très tôt inscrit dans le paysage urbain comme un patrimoine commun, placé toujours plus à distance du marché, des produits à vendre et à revendre. Son inscription dans l'ordre économique se traduit donc davantage par une volonté de s'abstraire du marché, ce qui implique la mise en place de toute une élaboration technique pour y parvenir. Ce cheminement particulier ne peut être remis en cause qu'au prix de bifurcations raides et risquées, dont il n'existe pas d'exemple historique étranger convaincant. L'avenir tient donc plutôt dans ce qu'il est convenu d'appeler l'innovation, ces propositions créatives qui observent l'existant, dans un mélange d'audace et de prudence. Pour cela, il faut commencer par bien connaître le modèle avant de songer à le perfectionner. Au fond, le logement social à la française découle d'une conception plus vaste et presque insaisissable, inscrite dans un paradigme dont la pente néolibérale des dernières décennies n'apporte pas de nouvel horizon convaincant, capable de dessiner une vision d'ensemble alternative, claire et entraînante. D'où l'intérêt de la connaissance sur la spécificité du modèle en cours et de sa mise en récit, comme piste à poursuivre pour l'avenir et qui revient rapidement à la raison économique.

Traditionnellement, le récit développé du logement social par lui-même suit le fil de la république sociale, en montrant comment il contribue à l'amélioration générale des conditions d'habitations. À partir des années 1990, s'ouvre le temps de la complexité, présenté comme tel dans la mesure où le logement social a changé de forme et ne se limite plus à l'image de tours et des barres HLM. Plus récemment, la recherche met en lumière de puissants effets de régulation financière sur les vingt dernières années, qui expliquent un regain de la capacité de construction pour une partie des organismes, malgré la baisse paradoxale du soutien financier de l'État, grâce à l'amortissement d'une partie du patrimoine et des arbitrages, moins dans le sens de la rénovation. Mais cette tendance qui mobilise une forte capacité d'autofinancement relève davantage d'un processus de régulation interne que d'une capacité durable d'auto-portage du secteur, dont la financiarisation lente suscite principalement et *a minima* du scepticisme.

En effet, la demande de logement social se maintient à un niveau tel que la nécessité de produire beaucoup perdure et fait consensus, malgré le volume global de logements sociaux, aujourd'hui de l'ordre des 17 % du parc global des résidences principales. Par ailleurs, la pratique de la mixité urbaine à l'échelle du programme, encouragée par les objectifs de l'article 55 de la loi pour l'accès au logement et un urbanisme rénové en 2000 (SRU), puis de son passage à 25 % avec la loi Aménagement, logement et urbanisme rénovés en 2014 (ALUR) sous le gouvernement Ayrault, participe à l'encouragement de la construction. En effet, les initiatives privées portées par les promoteurs avec le soutien des municipalités sont souvent l'occasion d'introduire une part invisibilisée de logement social, répondant aux objectifs de l'action publique, tout en esquivant les formes de contestation locale qui se manifestent fréquemment. Mais si le secteur diversifie ses modalités de production grâce notamment à la VEFA, le savoir-faire pour résoudre son équation économique demeure.

Il s'agit de boucler une opération, composée d'une diversité de produits réglementés, en fonction des capacités d'emprunt, des prévisions de fiscalité, des besoins locaux en logement et des attentes en matière de peuplement, sur un foncier à négocier, pour un résultat socio-urbain générateur de cohésion sociale. Autrement dit, déterminer dans la table des données financières les paramètres qui permettront d'obtenir un nouvel élément solide pour le patrimoine de l'organisme et dans le cadre de sa mission. Ce savoir-faire implique la coordination de plusieurs métiers : finance, clientèle, technique, patrimoine, maîtrise d'ouvrage... Chaque expertise apporte des éléments qui, une fois croisés, concourent à la validation d'un nouvel investissement, voté par le conseil d'administration rassemblant de nombreuses parties prenantes du territoire et du monde économique. La production du logement social n'est donc pas le résultat d'arbitrages financiers abstraits, en fonction de courbes ou de parts de marché, il croise, au contraire, la pertinence urbaine et sociale d'une opportunité locale à la recherche, au départ incertaine, de sa réalisation. C'est l'essence même de son rattachement à la politique du logement. Dans la pratique, la production du logement social remonte donc du terrain et s'approche en cela d'un savoir-faire incorporé d'artisan, elle procède d'une logique ascendante.

Équation

D'un côté, un terrain aménagé ou un immeuble à réhabiliter, plusieurs lots dans un programme plus vaste ou une friche à déconstruire pour bâtir. Tout commence ainsi, en pratique, dans un lieu de la ville voué à changer et par une volonté de lui donner une destination sociale. Puis vient la première évaluation, en apparence intuitive, mais déjà technique : combien de logements la configuration du site permettrait-elle d'obtenir ; selon quelle typologie par rapport à la rue, au quartier, aux besoins identifiés du territoire ? L'objectif se définit par opposition à la tendance du marché : de quel logement ont besoin les ménages aux revenus modestes qui connaissent des difficultés pour se loger là convenablement ? La démarche consiste précisément à prévoir ce qui échappe aux dynamiques immobilières, à faire advenir ce qui n'adviendrait pas naturellement. Il faut bien mesurer l'effet de la décentralisation de la politique du logement : le principe est celui des agréments, l'État local donne des autorisations à la construction de nouveaux logements sociaux en fonction de critères de répartition à réunir. L'accord de la municipalité doit également être obtenu pour s'inscrire dans les objectifs politiques de la commune. Avant d'aborder les questions d'insertion urbaine et de qualité architecturale, ce sont les enjeux de peuplement qui sont discutés, toujours sur proposition des organismes.

Parallèlement, les directions financières moulinent, selon le terme consacré. Entre les prêts disponibles, les subventions envisageables, le cadre fiscal, les aides complémentaires éventuelles, relatives à un service spécifique, et qui pourraient être incluses dans le programme, toutes les données sont disposées sur un plateau de la balance, tandis que sur l'autre sont estimés les montants cumulés des loyers réglementés, calculant plusieurs versions selon la part des différents types de logements conventionnés, ajoutant la marge de recettes supplémentaires qui doit assurer la bonne santé financière de l'organisme, selon les règles prudentielles du secteur. Différentes options sont étudiées qui mobilisent différents niveaux d'autofinancement, la capacité d'investissement interne de l'organisme qu'il se doit de ventiler habilement. Faut-il que celui-ci reste vigilant à ne pas épuiser ses forces sur un grand programme, par exemple, ou, au contraire, doit-il concentrer ses efforts sur un programme emblématique, en attente depuis des années et pesant sur la gestion d'ensemble, tel que la reconstitution d'une offre à la suite d'un programme de démolition ? Car construire un nouveau logement social n'intervient pas de façon isolée, mais comme le nouvel élément cohérent pour le développement du parc d'un organisme. Il s'inscrit dans une stratégie élaborée sur le moyen terme dans un plan, le plan stratégique de patrimoine (PSP), en relation avec une contribution explicite à l'intérêt général négociée avec l'État, dans les conventions d'utilité sociale (CUS).

Le cheminement apparaît complexe, tout simplement parce que l'articulation entre enjeux sociaux et enjeux urbains, qui placent à leur carrefour le logement social, procède de logiques où la raison économique se trouve sans cesse contournée, pour être dépassée. Le logement est un marché de biens à la nature en maints aspects spécifiques qui tend, en l'absence de régulation, à une forte segmentation des clientèles générant de la ségrégation par quartier. Penser le logement en tant que marché classique simplifie par trop sa logique. En effet, dans une société où tout citoyen doit bénéficier d'un logement de qualité, où le secours aux plus démunis est un impératif, l'élasticité des prix trouve rapidement sa limite. Les caractéristiques élémentaires d'un logement jugé acceptable portent son coût de construction, d'entretien et de loyer à un niveau forcément déjà élevé. Les seules modalités économiques possibles pour compenser ce fait consistent à soutenir les capacités financières de la demande ou de l'offre. C'est l'aide personnelle au logement (APL), d'un côté, et l'aide aux bailleurs et à l'accession à la propriété, de l'autre, selon des modalités variées. Mais parce que nombre de ménages ne peuvent structurellement, du fait de leur situation économique, envisager dans l'immédiat de s'endetter pour accéder à la propriété, et sachant les contraintes que celle-ci représente, notamment en termes de mobilité, le logement locatif en général trouve une forte utilité sur le marché. Or, depuis les années 1980, l'aide aux investisseurs privés sur le marché du locatif libre s'avère globalement un échec en volume de logements produits, sans effet significatif sur les prix. D'où les réflexions actuelles en matière de logement dit intermédiaire.

En revanche, le soutien au secteur du logement social a permis d'obtenir un résultat tangible, grâce à des aides diverses, au premier rang desquelles l'étalement long de la dette des organismes, via les prêts de la Caisse des dépôts, aujourd'hui appelée la Banque des territoires, sur les fonds du livret A. Ce choix économiquement déterminant implique un engagement d'au moins la même durée de la part des organismes. Autrement dit, il y a une relation économique directe entre l'implication d'un organisme sur le long terme dans ses opérations et son mode de financement. Chaque opération réalisée prend ainsi place dans une logique d'amortissement puis de pérennisation de l'actif dans son patrimoine, en lien avec la modalité trouvée pour obtenir des loyers bas, adaptés à une offre qui ne peut exister par les seules conditions du marché. La formule économique du logement social repose donc sur cette équation qui consiste à construire un logement normal, c'est-à-dire répondant à toutes les normes exigées pour tout logement dans le Code de la construction et de l'habitat (CCH), mais à loyer faible par l'étalement de l'emprunt. Si cette logique apporte en quelque sorte une parade au fonctionnement du marché du logement, pour développer une offre qui élargisse la gamme de prix et puisse être ouverte à une demande moins solvable, elle n'est en revanche pas suffisante pour entraîner mécaniquement une dynamique constructive. C'est là qu'intervient le rôle des autres aides et surtout la capacité technique sur le terrain, par les opérateurs, à trouver des solutions.

Cette difficulté est à entendre comme un principe élémentaire de rationalité économique, qui renvoie tant à la compétence professionnelle du secteur qu'à l'exigence d'efficacité dans l'octroi des aides publiques. En effet, le développement d'un segment aidé ne doit pas générer d'effet inflationniste sur le marché de la construction, ni consommer des aides publiques sans le contrôle qui convient, sans que ne soient excédés les besoins strictement nécessaires. En matière d'intérêt général, cet emploi scrupuleux de ressources disponibles demeure un principe essentiel. Le logement social représente un investissement de long terme de la Nation, engagé avec constance depuis un siècle, mais selon des modalités qui ont évolué, selon les périodes successives, en fonction du contexte économique et des priorités budgétaires. La gestion du secteur s'est quant à elle progressivement modernisée. Au départ, la direction des organismes HLM était orientée davantage par une gestion militante, qui créait l'outil et développait ses capacités. Puis elle s'est progressivement dotée de nouvelles compétences plus avancées en gestion financière, incluant aussi des instruments d'autocontrôle, de contrôle externe, voire de mutualisation. L'équilibre est devenu non seulement une règle, mais une forme de règle d'or. C'est toute cette infrastructure installée avec le temps qui encadre le travail de terrain, où se bouclent les opérations.

Et plus l'équation peine à se résoudre quand les aides additionnelles aux prêts s'avèrent difficiles à réunir, plus l'opération met du temps à sortir avec le risque qu'elle ne finisse par être abandonnée, tout l'argent dépensé dans ses études préparatoires partant en fumée. C'est à travers l'ensemble de ces rouages que fonctionne la mécanique productive du logement social. L'art de la politique du logement revient ainsi à composer des dispositifs efficaces dans une conjoncture donnée, tant du côté de l'État, d'Action logement que de la Caisse des dépôts, afin que les opérateurs sur le terrain puissent s'en saisir pour des résultats rapides et dimensionnés aux besoins du moment. D'où un débat permanent entre la puissance publique et le Mouvement HLM, pour ajuster la définition des attentes et les conditions d'exercice de la mission. Évidemment, lorsque le déficit budgétaire atteint des sommets, auquel s'ajoute une précarisation de la population qui augmente le nombre de demandeurs de logements sociaux, la recherche d'efficacité dans le modèle économique n'en devient que plus cruciale.

Réduction

Alors que la politique du logement constitue depuis plusieurs années un poste privilégié de réduction des dépenses publiques, il est important de rappeler comment sont fixés les objectifs de la politique du logement à l'endroit du logement social. Pour ce faire, chaque année, une estimation de la production souhaitée conditionne un budget d'aide qui donne lieu à un débat et aboutissant à des engagements dans la loi de finances. Les projections des besoins en logements sociaux oscillent historiquement entre 100 000 et 150 000 logements, variant en fonction des gouvernements, plus ou moins à la baisse en tenant compte d'une prudence pragmatique dans les capacités à faire, plus ou moins à la hausse en fonction d'un volontarisme traduisant symboliquement une attente et un soutien vis-à-vis du secteur du logement social. Dans tous les cas, l'estimation des besoins reste un indicateur de tendance qui ne peut s'appliquer comme une prescription formelle, vu le cheminement long des projets effectifs sur le terrain, décrit précédemment. Les aides à la rénovation ou à la réhabilitation du logement social – ce second terme étant employé pour qualifier des interventions conséquentes sur le bâti – fonctionnent différemment et plus simplement, car moins de paramètres externes entrent en ligne de compte. Les provisions pour le renouvellement des composants sont mobilisées et affectées selon la vitesse de dégradation variable du parc des organismes.

Le point le plus problématique en termes de débat sur le modèle économique du logement social se situe ailleurs, dans l'évaluation qui est faite de l'action des organismes et de leur gestion, laquelle oriente les décisions politiques. En effet, le Mouvement HLM dans ses différentes composantes présente chaque année des bilans, au travers de rapports d'activité et de diverses publications. De son côté, la haute administration en fait de même selon ses propres critères, à l'Inspection des finances, à la Cour des comptes, au Conseil général du développement durable, régulièrement aussi sous la forme de rapports parlementaires. Le point de vue est alors construit sous l'angle de l'efficacité de la dépense publique au prisme des objectifs politiques globaux d'ordre financiers, avec des présentations nuancées en fonction de l'approche de chacune des institutions. De façon plus spécifique, l'Ancols se penche régulièrement sur la situation des organismes et produit une expertise en continue du secteur. Cette dualité entre la représentation du secteur par lui-même et la représentation de l'État conduit le plus souvent à des controverses, dans la mesure où les prises de position énoncées des uns et des autres coïncident avec le rôle respectif des organisations. En résumé, le secteur défend son action tandis que les organes en charge de la dépense publique cherchent à la contenir dans le cadre défini des politiques publiques.

Le problème sous-jacent tient en ceci que l'instruction proprement politique reste à la peine, au sens des valeurs défendues par la politique du logement, à travers l'exposé cohérent des choix de société en présence et de l'évaluation des moyens à pourvoir correspondants. Elle revenait classiquement au champ politique, où se croisaient élus comme prescripteur final, hauts fonctionnaires, et praticiens engagés dans l'élaboration du diagnostic et des propositions. Or les partis politiques ne jouent plus aujourd'hui de rôle efficient de construction programmatique et les laboratoires d'idées actuels manquent de moyens pour traiter dans les détails le dossier du logement. Par ailleurs, la recherche universitaire, qui fonctionne, certes, de plus en plus en logiques partenariales, s'attache à conserver sa neutralité axiologique, ce qui tend à produire des connaissances à usage soit seulement pragmatique, soit exclusivement théoriques, ne se prêtant donc qu'indirectement au travail de mise en débat politique, d'arbitrages sur le fond en termes d'orientation. Enfin, l'approche centrée sur le mal-logement proposée par la Fondation pour le logement des défavorisés fortement médiatisée constitue un point de vue qui, par définition, ne peut résumer à lui seul la question du logement. Par conséquent, la médiation du débat sur la question du logement et du logement social reste partielle, déséquilibrée, ou tout du moins insuffisamment coordonnée, au profit d'une frontalité peu favorable aux compromis, entre le secteur et l'État. Cela a une influence sur le socle commun d'analyse où se retrouve l'ensemble des parties et par suite sur la capacité à enclencher des dynamiques collectives puissantes. Il s'ensuit que le modèle économique du logement social pourrait faire partie des bases consensuelles au débat sur la politique du logement. Mais une partie des critiques à son endroit proviennent d'un manque d'articulation entre la dimension économique, la dimension sociale et la dimension urbaine, qui fragilise ce consensus républicain.

Lorsqu'il s'agit de mesurer l'efficacité économique du logement social, cela implique de se mettre en capacité technique d'évaluer globalement les effets de l'action des organismes en fonction des objectifs assignés et, pour cela, de définir des indicateurs quantifiés. Le montant des aides publiques, les contreparties sociales ou le volume de logements produits en sont les principaux. Une forme de rationalité consiste alors à attendre du logement social qu'il se spécialise dans l'accueil des plus modestes, concentrant ainsi la dépense publique davantage vers les ménages qui ont le plus besoin de redistribution, répondant simplement à l'impératif d'efficacité selon les revenus. Les recommandations émanant des rapports d'instances publiques allant dans ce sens sont récurrentes. En effet, la politique du logement est le plus souvent assimilée à un domaine particulier de la politique sociale ou des revenus, la dépense publique au sens large visant à compenser sur le plan monétaire les défauts du marché. Ce raisonnement s'entend dans la mesure où il est par nature construit en fonction d'une logique légitimement comptable, qui met en regard, terme à terme, un coût pour aider des logements ou des personnes d'une part et des prix ou des niveaux de loyers de l'autre. Mais dans ce raisonnement apparaît aussi toute la faiblesse de la politique du logement sur le plan de l'économie politique, pour justifier son action, notamment du côté urbain, ce qui affecte par là même le logement social dans la perception de son efficacité.

La politique du logement porte sur des biens de long terme, constituant la ville depuis des décennies, voire des siècles, ou récemment édifiés pour une durée envisagée d'une quarantaine d'années, mais, si possible, dans l'intention, bien plus longtemps. Il s'ensuit que l'argent public directement investi en numéraire, ou affluant sous la forme d'aides plus ou moins directes, produit ses effets sur des horizons qui dépassent ceux du constructeur et du propriétaire, du locataire ou de l'habitant, du mandat politique également. Le rôle de la puissance publique dans la politique du logement déborde le rythme de ses évaluations et s'inscrit dans un temps long, par-delà les lois votées régulièrement. Ce temps des politiques urbaines résonne davantage avec les grandes réformes pour repères, comme celle de 1977, qui avait cherché un équilibre nouveau, entre les aides au logement et les aides aux ménages. C'est pourquoi un quiproquo se retrouve souvent, qui consiste, par souci d'économie, à proposer de revenir sur l'exigence de mixité sociale, acceptant le risque de spécialiser plus encore le logement social vers les ménages aux revenus les plus faibles. Cette vision voudrait ainsi séparer d'un trait net la politique sociale du logement résolue uniquement par le logement social, du reste de la politique économique du logement, tournée vers l'accession à la propriété et le marché libre de la location, pour les ménages qui ne connaissent pas de difficulté particulière à se loger. Elle voudrait mettre un signe égal entre l'aide à destination des plus pauvres et le logement social, afin de résoudre définitivement la question du logement, ce qui se révèle, malheureusement, une interprétation incomplète lourde de conséquences. Cette tentation de rationalisation budgétaire, certes légitime pour elle-même, pose cependant problème parce qu'elle méconnaît les processus dynamiques qui lient l'évolution sociale de la population à l'évolution économique des quartiers et des territoires, autrement dit la relation entre politique sociale et politique urbain au principe de la politique du logement. L'une ne va pas sans l'autre et réciproquement, c'est ce qui fait la singularité de la politique du logement, par différenciation des politiques strictement sociales et des politiques strictement économiques. Or ni la recherche, ni le secteur du logement et de l'immobilier ne sont parvenus jusqu'à présent à établir une grille de lecture claire et unifiée de cette spécificité. Les polémiques jamais résolues sur le manque d'efficacité supposé du logement social butent justement sur cette difficulté. De ce fait, elles empêchent de travailler sur le fond du modèle économique. Analyser plus précisément le concept de loyer d'équilibre permet de mieux le comprendre.

Loyer d'équilibre
Sur un principe directeur

Une nécessaire approche technique consiste à définir l'équilibre du logement social en fonction de l'équilibre de chaque opération et donc à partir du loyer d'équilibre de chacun des logements au moment de sa construction. Ce principe directeur permet de présenter le fonctionnement du modèle économique du logement social et les limites inhérentes à ses principaux paramètres. Les pointer amène à considérer des adaptations et des tentatives de solutions, entre prescriptions de l'État et marge de manœuvre des acteurs.

Équilibre

Le loyer d'équilibre renvoie à une définition normée, édictée par l'administration centrale et servant de référence pour tout organisme de logement social. Il est à la base de ce qui le distingue du marché. Les débats sur son mode de calcul et les critères à prendre en compte dans sa définition ont été particulièrement actifs durant les années 1980 et 1990, dans un contexte économique qu'il est utile de rappeler, marqué par l'après crise pétrolière et la très forte inflation. L'obsolescence d'une partie du parc de logement social est constatée et nécessité s'impose d'intervenir. Peu isolés sur le plan thermique, nombre d'immeubles voient, en effet, leurs charges énergétiques de chauffage exploser, en plus des premiers signes de précarisation dans les quartiers dits sensibles qui mèneront aux problèmes durables des banlieues. C'est pourquoi des solutions sont recherchées pour engager d'importants travaux de rénovation, qui remettent par là même en cause les plans de financements initiaux. Le loyer d'équilibre ne suffit pas, faute de provisions en mesure d'engager les rénovations.

Mais la grande réforme Barre du financement de la politique du logement a eu lieu en 1977, le principe des subventions massives aux organismes n'a plus cours au profit de l'APL, orientée désormais vers les ménages. La nécessaire vague de travaux est alors paradoxalement mise en œuvre grâce à ces APL. De nouveaux ménages y sont éligibles avec les rénovations, permettant d'augmenter les loyers sans aggraver le taux d'effort final pour les locataires. Le loyer d'équilibre est de ce fait révisé, à la faveur d'un afflux financier extérieur. Autrement dit, le réinvestissement non prévu, mais devenu nécessaire, est pris en charge par un nouveau critère, la capacité d'une augmentation de la dépense en logement pour les ménages, prise en charge par une politique sociale. Ainsi, le loyer d'équilibre est à la fois rehaussé en dépense et en recette, pour un nouvel équilibre de long terme. Cet exemple historique montre combien ce loyer d'équilibre est à la fois une réalité tangible, une capacité à faire ou non des organismes, mais tout autant une estimation comportant sa marge d'erreur, potentiellement significative et donc imposant une grande vigilance, tant de la part des organismes que de l'administration.

À cet égard, deux éléments peuvent être soulignés. D'une part, aujourd'hui, le niveau d'endettement du pays comme le niveau du taux d'effort des ménages ne permettra pas, avant de nombreuses années et donc hors du champ d'action possible, d'envisager de tels transferts financiers d'argent public pour réajuster la trajectoire des programmes, à moins d'obtenir des arbitrages politiques majeurs au détriment d'autres politiques. De telles bifurcations sont rares et donc difficiles à obtenir. Et rien ne permet de penser que sur le moyen terme, la politique du logement passerait avant celles de la défense nationale, de la santé, ou de l'école, par exemple. D'autre part, de façon plus technique, la force du loyer d'équilibre vient essentiellement de sa capacité à définir le plus objectivement possible son périmètre. Il constitue en ce sens un sujet crucial pour la gestion de long terme, même s'il reste finalement peu étudié et débattu comparativement au passé. Concrètement, le loyer vient rembourser le prêt de la construction du logement, mais il tient compte aussi de l'entretien du bâtiment sur le long terme, des services proposés par l'organisme, dont l'accompagnement social. Jusqu'où faut-il entrer dans le détail des items à prendre en compte et selon quelle évaluation de leurs coûts attendus ? La question se pose à nouveau de façon très aiguë, certes sous l'effet conjoncturel des coûts de l'énergie et de l'augmentation de l'inflation ou des taux d'intérêt comme dans les années 1980, mais aussi pour d'autres raisons.

L'affirmation du développement durable, puis le choix de la transition énergétique, renforcé ces dernières années par ce qui s'est imposé comme l'urgence climatique, place le logement et donc le logement social comme un acteur significatif de mise à niveau des bâtiments. Il s'agit d'accélérer le mouvement afin d'obtenir la neutralité carbone à brève échéance, à laquelle s'ajoutent les enjeux sociaux de cette transformation des modes de vie. De façon plus classique, la durée de vie des logements ou leur rénovation plus profonde – l'expression de « seconde vie » du bâtiment est apparue récemment – dépend aussi des dynamiques territoriales, très différenciées. Ces dernières années, la concentration de la production de valeur économique dans les grandes métropoles attire de ce fait les investissements immobiliers, là où le marché est le plus dynamique, au détriment des autres grandes dimensions de l'aménagement du territoire sur le long terme. La vacance augmente dans l'ensemble du parc des résidences principales, tandis que la mobilité au sein du logement social se crispe, avec pour effet induit l'augmentation de la file d'attente. Cette situation subie, qui a un fort impact sur la disparité des prix de marché, diminue d'autant les marges de manœuvre du logement social pour ajuster ses loyers d'équilibre.

Enfin, les éléments démographiques de vieillissement de la population et de diminution de la taille des ménages posent plus fondamentalement la question des restructurations. Pour prendre un exemple concret, les bâtiments de trois à quatre étages, conçus au départ sans ascenseur, souffrent d'un risque accru d'obsolescence compte tenu des normes d'accessibilité qui se renforcent avec le temps et les caractéristiques de la population locale. Cette nouvelle étape d'amélioration générale des conditions d'habitation passe souvent par l'installation d'ascenseurs qui n'étaient pas prévus dans les programmes de départ. Des questions techniques aux impacts budgétaires significatifs viennent réinterroger l'avenir de quartiers pensés quelques décennies auparavant, lorsque le très long terme n'était pas la question première, tout simplement parce que le très long terme n'est jamais le principe d'une action singulière. Une fois arrivé à ce stade, moment nécessaire de révision du projet initial, l'exercice d'équilibrage ne se limite pas à un simple ajustement de trajectoire. Le logement social considéré est réinterrogé plus profondément.

Une comparaison peut être faite à nouveau avec le secteur du nucléaire, construit pour l'essentiel en France voilà quarante ans et au départ pensé pour cette durée d'utilisation. Faut-il réinvestir sur l'entretien en prolongeant après examen la durée de vie des composants, faut-il au contraire engager un démantèlement qui n'avait pas été prévu, représentant alors un surcoût ? Comment intégrer la nouvelle donne énergétique dans ces arbitrages, sachant que le prix à l'utilisateur final de l'électricité a une incidence économique majeure ? L'instruction de ce dossier apparaît d'emblée hautement problématique. D'une certaine manière, il en est de même pour le logement social, à pondérer cependant comme priorité stratégique pour le pays. Derrière la question du loyer d'équilibre posée aujourd'hui apparaît l'enjeu du long terme des infrastructures, dont le logement social fait partie comme composante du pacte républicain.

En définitive, le loyer d'équilibre est un concept qui apporte un principe directeur pour le lancement de toute opération. Il a l'avantage d'une portée générale, tout en s'appliquant à l'échelle d'un logement, dont la règle cardinale est de penser dès l'origine la stabilité financière de l'ensemble du secteur du logement social en passant par chacune de ses unités. La limite structurelle de cette approche se pose à la fin du processus, ou en cours de processus dans les situations d'évolution plus marquées d'un territoire ou d'un quartier, lorsque des réinvestissements pour maintenir la qualité du parc se manifestent en dépit des prévisions initiales. Historiquement, des apports externes ont pu intervenir, mais cette hypothèse s'avère moins probable pour le futur. Par conséquent, dans une logique rationnelle d'adaptation, au lieu de bénéficier d'apports externes, la mécanique macroéconomie du logement social tend à procéder par péréquation, ce qui amène de nouvelles questions.

Péréquation

Aujourd'hui, le financement des opérations de logement social repose essentiellement sur un paradoxe : le principe directeur du loyer d'équilibre reste de mise, mais au sens strict la plupart des projets sont précisément lancés en déséquilibre.

Pour le compenser, une péréquation est alors opérée entre les recettes générées par le parc existant vers les nouvelles constructions. Ce transfert appelé autofinancement, interne à l'organisme ou au groupe de logement social, a pour but d'obtenir le loyer d'équilibre en injectant une tranche d'apport supplémentaire, venue des ressources internes au logement social lui-même. Le secteur tend à générer en partie son propre développement. Les coûts de sortie des opérations neuves ne peuvent plus être amortis seulement par les loyers sur quarante ans, complétés des subventions fortement réduites les années passant. Une ligne dans le budget des projets s'est ajoutée, devenant cruciale, mobilisant des recettes propres, tirées des opérations antérieures déjà amorties. Car il faut rappeler que l'objectif du logement social est bien de construire des logements de qualité, sur le long terme, d'un coût relativement élevé, équivalent à celui de la promotion privée, voire légèrement supérieur en vue d'un amortissement de plus long terme. Cette exigence provient historiquement de la volonté d'améliorer les conditions générales d'habitations dans le pays, en particulier à travers le logement social, afin que celui-ci se substitue progressivement au parc dégradé accueillant les ménages les plus précaires. Dès lors, comment continuer à produire dans ces conditions financières moins favorables, c'est-à-dire moins pourvues en financements externes ? Comment maintenir le bon équilibre, quand le bouclage du loyer d'équilibre ne fonctionne plus selon sa formule originelle et obère de ce fait les marges réinvestissement futures dans le logement lui-même ? Cette péréquation par l'autofinancement mérite d'être interrogée dans sa logique et ses implications. Elle représente une inflexion significative du modèle de financement du logement social, apparue essentiellement sur les vingt dernières années. Sur le fond, elle reste encore assez peu documentée en ce qu'elle dit, en creux, de l'évolution de la politique du logement en France. Trois principaux éléments peuvent être considérés pour l'éclairer : la relation du logement social au monde de l'immobilier, les conséquences de la constitution d'un vaste parc de logements sociaux qui est un succès quantitatif sur un siècle, enfin, la conceptualisation particulière découlant des dernières réformes des APL.

Premièrement, les coûts élevés relatifs à la production de nouveaux logements interviennent de manière globale, sans distinction de statut d'occupation final. Obtenir un terrain constructible, bâtir un immeuble aux normes en vigueur coûte significativement plus cher sur tout le territoire national depuis le début du siècle, sous l'effet de phénomènes qui échappent soit aux régulations publiques nationales, soit qui découlent d'incapacités anciennes à réformer. En effet, la politique monétaire européenne des taux bas a eu pour conséquence de réduire la rentabilité des services bancaires, enclins alors à rallonger la durée des prêts immobiliers et donc le volume des fonds levés pour les ménages, tirant, *in fine*, les prix des biens à la hausse. Ces hausses ont alors pu être aspirées dans les prix du foncier, en l'absence de régulation sur le domaine depuis des décennies – les établissements publics fonciers ne disposant pas d'une force de frappe suffisante pour obtenir un effet structurel. Dans ce contexte, le marché en apparence dynamique repose sur une spirale de l'endettement, sans bénéfice économique tangible dans la pierre. Mais le marché de l'immobilier fonctionnant en cycle et habitué des crises, cherchant par nature les opportunités, ne s'alerte pas de ces fluctuations jusqu'au ralentissement forcé par les conséquences locales de la crise américaines des *subprimes*. Alors, l'État se tourne vers le logement social pour lui faire jouer son rôle contracyclique d'amortisseur. Un volume significatif de programmes immobiliers privés, sans acheteur sur le marché, est renégocié par les bailleurs sociaux. Durant les années qui suivent, cette relation historiquement antinomique entre logement social et promotion privée s'est pérennisée sous la forme d'une hybridation des pratiques, favorisée par la recherche d'une plus grande mixité de statuts d'occupation au sein des programmes neufs. Désormais, la moitié des nouveaux logements sociaux sont construits par des promoteurs privés et achetés à travers la VEFA, par les organismes qui leur délèguent ainsi la maîtrise d'ouvrage. Il s'ensuit que le loyer d'équilibre devient de plus un plus un prix de négociation, dans une équation dont les termes échappent progressivement au système conceptuel initial du logement social. Sur le long terme, il ne s'agit plus exactement pour les organismes de se projeter avec leurs propres programmes imaginés de bout en bout, mais bien de gérer le développement d'un patrimoine immobilier plus varié, un certain degré de diversification de la maîtrise d'ouvrage.

Cette évolution renvoie au deuxième élément sur les conséquences d'une masse obtenue de plus de 5 millions de logements sociaux sur un siècle, prenant de ce fait une place structurelle dans le parc global des résidences principales. Pour rappel, le volume disponible de logements sociaux a plus que triplé sur le demi-siècle écoulé, soit une croissance plus dynamique que celle de l'accession à la propriété qui a doublé, ou du locatif privé qui a quasiment stagné. Si, pour leur développement, les organismes de logement social se rapprochent dans leur quotidien professionnel des acteurs de marché, ce n'est pas seulement l'effet des crises, mais surtout le résultat plus profond d'une évolution économique de leurs métiers, sur le long terme, du fait même de la constitution d'un vaste patrimoine. Qu'il soit de nature publique n'importe guère : il s'agit bel et bien d'un ensemble d'actifs à gérer, à entretenir et qui, sous l'effet du temps, génèrent des marges à réinvestir, d'une manière ou d'une autre. L'équation temporelle est claire : une part majeure du parc date de l'après-guerre, dont les prêts sont remboursés, les vieux logements, même à loyer faible, apportent des recettes à injecter dans le système. Ce n'était pas le cas au moment de la forte expansion du parc voilà quelques décennies. Désormais, le logement social a atteint un nouvel état de son existence, résultat d'un effort public substantiel et constant dans la durée. Un nouveau terme à l'équation du loyer d'équilibre s'est alors ajouté tacitement : la péréquation a lieu parce qu'elle est possible, le résultat différé d'une politique publique d'investissement dans le patrimoine de la Nation. Ce succès de gestion ouvre des questions fondamentalement nouvelles, que la connaissance de l'histoire du logement social, même la plus avancée, ne permet pas de traiter. Voici posé l'enjeux du nouveau siècle qui s'est ouvert pour le logement social. Il réinterroge le succès de son modèle initial pour l'avenir.

Enfin, l'État s'est progressivement saisi de ce sujet pour faire évoluer la politique du logement, c'est le troisième élément. Cependant, la démarche suivie s'avère essentiellement technique et budgétaire, méconnaissant les raisons propres à la question du logement qui justifient le modèle de logement social à la française et qui se trouvent dans son histoire. La conséquence est de fragiliser la relation jusque-là étroite entre les pouvoirs publics et les acteurs du logement social, sans obtenir, par ailleurs, d'amélioration significative dans la politique du logement contemporaine. Un paradoxe apparaît : la volonté de traiter les évolutions sous le régime privilégié de la rationalité comptable, voulant tenir à distance le débat politique, tend à accentuer le déséquilibre que les réformes successives entendraient pourtant combattre, renforçant alors les polémiques sur la politique du logement. Pour l'analyser, il est utile de commencer par rappeler une première altération du loyer d'équilibre qui s'entend comme une mesure de justice sociale, appelée « sur-loyer de solidarité » (SLS). L'idée en est la suivante : dans la mesure où la rotation des ménages à l'intérieur du parc de logement social se ralentit, il s'agit d'inciter ceux dont les revenus se sont améliorés à le quitter précocement, afin de libérer leur logement pour un ménage aux revenus plus modestes. Le principe est simple, augmenter un peu le loyer qui se rapprocherait alors des prix du marché. Une phase de transition se met en place, le loyer d'équilibre se complète d'une recette supplémentaire pour des cas particuliers, de façon temporaire. Or, à partir de 2018, de façon symétrique, la modulation à la hausse se complète de son pendant à la baisse, par un cheminement cette fois plus spécieux. La mesure intervient comme une conséquence de la baisse budgétaire des APL. Après un long mouvement d'expansion de leur périmètre et une augmentation de leur volume considérable, l'État entend contenir ce budget par différents ajustements techniques avant de le réduire substantiellement par coups de rabot. Les conséquences en matière d'aggravation du taux d'effort et par suite de baisse de pouvoir d'achat pour les ménages concernés sont telles que dans le logement social, une compensation est instaurée, appelée « réduction de loyer de solidarité » (RLS).

Or, comme le loyer d'équilibre du logement social dépend du logement et non de l'habitant, la baisse sur l'APL, en fonction des ménages, n'a théoriquement pas de rapport avec la gestion du parc. La réduction de loyer de solidarité découle donc d'un calcul administratif examinant les ressources des locataires du logement social, pour se répercuter ensuite sur le mode de gestion patrimonial de l'organisme, par une ponction sur ses recettes, affectant directement son budget. Les calculs étant complexes et des ajustements ayant été mis en place avec la Caisse de garantie du logement locatif social (CGLLS), le manque à gagner prend une place singulière dans les bilans financiers de chaque organisme. Il bouscule le calcul initial du loyer d'équilibre. En conséquence, il grève mécaniquement leurs marges d'autofinancement, plus ou moins prononcées en fonction de la part des ménages touchés par la baisse des APL, cette part étant variable selon les organismes en fonction de leur peuplement, aggravant les disparités territoriales. Le loyer d'équilibre à l'échelle du logement est donc désormais affecté par la situation du ménage qui l'occupe. Concrètement, le loyer d'équilibre est amputé de la réduction de loyer de solidarité si le ménage actuel est éligible à une baisse de loyer consécutive à la baisse des APL, sans que les deux calculs ne soient directement liés, puisqu'ils procèdent seulement par logiques parallèles. On observe donc un mouvement inverse sur le rôle des APL par rapport à celui des années 1980 qui venaient à l'époque encourager la rénovation des logements en relevant le loyer d'équilibre. Cette fois, l'objectif est de réduire la dépense publique en logement, sans autre projet afférant explicite sur les attendus de cette politique publique.

Par suite, une deuxième forme de péréquation est instaurée dans le logement social, qui vise non plus seulement à faire circuler les recettes au sein du parc pour favoriser son développement, mais à transférer ces recettes liées au patrimoine ancien comme des équivalents de l'aide personnelle aux ménages, compensant la part qui n'est plus financée par l'État. Les organismes de logement social sont donc amenés à prendre en charge plus directement en interne et conjointement trois enjeux : le développement du parc, sa rénovation pour répondre aux transitions vers la ville durable, ainsi que les aides sociales aux ménages. Mais le système de financement traditionnel complété d'une double péréquation, interne et externe, est-il en capacité d'y répondre ? C'est tout l'enjeu de l'évaluation d'une politique publique, articulant définition démocratique des objectifs et mise en place des moyens pour les atteindre, par les acteurs. La réflexion sur le modèle économique se place du côté des moyens, avec la limite, dans le cas du logement social comme dans d'autres domaines, que les objectifs assignés et programmés dans le temps manquent trop de clarté pour mesurer, par suite, l'efficience du modèle en fonction de sa trajectoire, afin de l'adapter. C'est toute l'ambiguïté de la période actuelle, qui ne parvient pas encore à concilier, d'une part, la conscience s'affirmant d'un potentiel financier généré par la masse du parc, du fait de la trajectoire historique de développement du secteur et, d'autre part, l'adjonction de nouveaux enjeux pour le logement social à intégrer dorénavant, en plus de son modèle historique et qui imposent des investissements supplémentaires. Pour cela, il est important de décrire les grandes pistes de modulation possibles du modèle, qui vont au-delà des effets de péréquation.

Modulation

Afin que l'équation économique du logement social puisse affronter les nouveaux défis qui se posent à elle, deux principales approches théoriques visent à déplacer la question du loyer d'équilibre de l'opération. L'une se concentre sur la recherche de marges de manœuvre dans un changement d'échelle de niveau intermédiaire, l'autre vise à apporter un débouché capitalistique au modèle, notamment par la vente à terme. Il est notable que ces deux approches discutées de longue date n'aient dans les faits qu'une application limitée. Cela renforce leur intérêt en tant que réflexions théoriques sur les limites applicatives d'une transformation du modèle économique du logement social. En effet, de tels changements touchent à ce qu'il serait convenu d'appeler la manière française de produire et gérer le logement social. À ce titre, ces pistes représentent plus que des aménagements techniques possibles, mais engagent des conceptions politiques qui touchent à l'essentiel. C'est pourquoi il est important de les développer, pour explorer complètement le potentiel évolutif du principe directeur de base visant l'équilibre du système global.

La première approche de transformation part de l'idée que le logement social pourrait optimiser son fonctionnement en ajustant le niveau de loyer en fonction des marchés locaux de l'habitat : un logement mieux situé, plus recherché, pourrait avoir un loyer un peu plus élevé qu'un logement périphérique en attente de rénovation, par exemple. Des paramètres liés au niveau de service additionnels pourraient également être pris en compte. L'idée générale de cette approche consiste à faire cohabiter deux loyers, celui de référence pour l'opération lié à sa construction et son financement, et celui de l'offre de logement liée au marché locatif. Pour cela, l'échelle budgétaire de référence n'est plus exactement le logement dans une opération, mais un ensemble d'opérations ou l'ensemble du parc d'un organisme ou d'un groupe, en procédant à ce qui a été appelé la remise en ordre des loyers. Il y aurait d'un côté le modèle économique de production de logements et de l'autre le modèle économique de gestion du parc.

L'évolution technique du secteur de la téléphonie offre une comparaison éclairante. Au départ, chaque ligne avait son numéro unique qui correspondait à un câble précis. Aujourd'hui, ce numéro d'identification existe toujours pour les besoins du fonctionnement technique de l'infrastructure, mais le numéro d'usage des clients composé sur les téléphones est différent, issu du répertoire de chaque opérateur. Un travail d'appariement entre numéro technique et numéro d'usage est alors opéré. Pour le logement social, le travail d'appariement serait effectué par l'organisme qui introduirait donc des modulations de loyer s'approchant d'une logique de gestion de clientèle ou de marché. Il conserverait cependant dans ses bilans le coût de ses opérations, l'architecture de ses prêts. Depuis une quinzaine d'années, des engagements sont pris entre l'État local et les organismes de logement social pour avancer en ce sens, dans le but d'encourager le secteur à mieux tenir compte de la qualité de service des logements, tout en cherchant à mieux harmoniser les loyers en fonction de la demande. L'intérêt serait de parvenir à obtenir un certain nombre de logements aux loyers encore plus faibles quand d'autres pourraient avantageusement générer plus de recettes, sans passer par le mécanisme du sur-loyer de solidarité qui dépend, lui, uniquement du locataire. Mais compte tenu de la forte file d'attente dans le logement social, qui tend à se paupériser pour des raisons structurelles installées de longue date, cette modulation de l'équilibre du logement social reste marginale. Son efficience correspondrait plutôt aux périodes de desserrement de la pression sur le parc, moment où elle avait d'ailleurs été imaginée. Elle a l'intérêt de mettre l'accent sur l'importance de la gestion et des services annexes au logement lui-même, mais montre aussi en creux le peu de marges de manœuvre internes au secteur dans sa gestion, car, par définition, fortement encadré et sans plus-values générées sur des mécanismes de marché. C'est ce point que soulève la question de la vente à terme des logements sociaux.

En France, un logement social une fois construit entre symboliquement au patrimoine de la Nation, expression souvent rencontrée dans les discours, mais qui ne recouvre pas de réalité juridique en ces termes. Le développement du secteur procède par accumulation. L'horizon théorique admis et inscrit dans la loi vise de disposer à terme d'un cinquième et désormais d'un quart de logements sociaux dans les communes urbaines. Sachant qu'une fois cet horizon atteint, dans ce modèle, trois nouveaux logements privés construits impliqueront toujours un logement locatif social supplémentaire à construire, autrement dit une croissance sans fin. Or ce seuil n'est pas justifié par une démonstration complète en relation avec les autres segments du parc des résidences principales, car la politique du logement ne se projette pas en fonction d'une vision d'ensemble. L'évolution historique de la structure des logements par statuts d'occupations montre cependant une trajectoire claire. Sur le long terme, elle privilégie le logement social en croissance, mais les politiques publiques d'encouragement à l'accession à la propriété comme à l'aide à l'investissement locatif privé ne sont pas en reste. En définitive, même si cela n'est pas explicité par les discours politiques, chercher à augmenter le volume de logements sociaux s'est, dans les faits, imposé comme un objectif de principe, sans cesse prorogé, installant durablement le secteur dans une logique productiviste et d'expansion. De surcroît, il faut se souvenir du scandale qu'avaient déclenché voilà un peu plus de vingt ans les premières démolitions de tours et de barres dans le cadre du Programme national de la rénovation urbaine (PNRU). Si ces immeubles étaient jugés obsolètes par les acteurs locaux et touchés par la vacance, si nombre de familles ne voulaient plus y habiter, des voix tout aussi affirmatives développaient d'autres arguments, prônant sur un registre symbolique le respect des investissements publics, invoquant même parfois la République. Sur le plan strictement économique, la question était effectivement lourde de sens. Tous les immeubles à démolir n'étaient pas remboursés, l'obsolescence urbaine s'était révélée dans certains cas plus courte que les plans de financement. Il fallait donc réinvestir massivement et restructurer les quartiers pour leur assurer un avenir meilleur dans la ville. Financièrement, c'est le même principe qu'avec le début des APL mobilisés pour la rénovation, un afflux de fonds extérieur à l'équilibre initial d'opération pour répondre à un enjeu prioritaire apparu entre-temps. Plus de 40 milliards d'euros cumulés sont ainsi réinvestis tout au long du premier programme de renouvellement urbain, sur la base d'une conception partenariale des financements par appel à projet. Mais le volume de logements concernés reste modéré, l'essentiel du logement social ne nécessite pas une telle refonte urbaine. Qu'en est-il donc du cas général ?

En France, le logement social a vocation d'être entretenu sur le très long terme et géré par les organismes. Cette conception est à l'opposé du modèle allemand, où il ne reste conventionné que temporairement, avant de retourner sur le marché libre. Dans notre pays, la vente de logement social n'intervient que de façon marginale, principalement à l'occupant ou à un locataire du parc social, proposant alors une étape de parcours résidentiel par l'accession sociale à la propriété. Les volumes de cession sont historiquement faibles, car l'opération se fait en dehors de toute espérance de plus-value découlant de l'évolution des prix de l'immobilier. Un logement social vendu l'est en bon état donc après travaux à la charge de l'organisme, avec une décote et des conditions sur sa revente éventuelle, comme sur la possibilité de sa reprise par l'organisme vendeur, si l'acquéreur devait connaître un revers de fortune. La vente du logement social n'est jamais une opération en bloc arbitrée comme une opération financière, elle s'inscrit au contraire comme un point de détail dans la gestion, pensé davantage au profit des ménages. Car du fait même de la conception en loyer d'équilibre à l'échelle du logement, un locataire ancien aura effectivement contribué personnellement et de manière significative au remboursement des prêts de la construction et des dépenses d'entretien de son logement. Certes, tout locataire n'est pas redevable de la taxe foncière, mais l'organisme en est lui-même exonéré pour une longue durée, de même que l'impôt des sociétés, plus récemment. Conceptuellement parlant, la vente s'inscrit donc dans le prolongement du principe directeur du logement social. Néanmoins, une approche plus macroéconomique propose une interprétation complémentaire.

Entendu globalement, le patrimoine du logement social pourrait faire l'objet d'arbitrages stratégiques afin de soutenir son développement. Les immeubles représentent le fruit d'un investissement public qui pourrait théoriquement être mieux valorisé pour générer des investissements publics futurs. Augmenter le nombre de ventes en développant le volet commercial de l'activité des organismes aurait la double vertu de soutenir l'autofinancement des organismes tout en restructurant les patrimoines, en termes de localisation et de typologie, face aux besoins sociaux futurs. En effet, les actifs du logement social français se situent principalement dans le nord-est industriel de la France et hors des centres-villes, tandis que la carte du développement économique actuel se concentre ailleurs. Mais cette option représenterait aussi des risques : inclure comme débouché d'un secteur visant à compenser les défauts naturels du marché de l'immobilier, une logique de marché, remet en cause le fondement même de la politique du logement à la française. Prendre en compte un débouché économique pour le logement social consisterait à nourrir la recherche d'une rente immobilière, quand la priorité avait été donnée à la valeur d'usage pour répondre à un droit fondamental, et justement contrecarrer les dynamiques spéculatives.

Cela renvoie à une question économique extrêmement complexe, qui n'a pas encore été suffisamment instruite en ces termes : la structure du marché du logement en France peut-elle tirer bénéfice d'une mise en marché du logement social, après un siècle d'investissement public ? Le problème se reporte donc sur les investisseurs potentiels du parc social une fois déconventionné. Une option serait de mener une vaste opération de vente à l'occupant, comme l'ont fait les Britanniques. Or le résultat de cette politique reste controversé, sur la base d'un parc constitué beaucoup plus qu'en France de maisons individuelles, occasionnant donc moins de problèmes de gestion à terme de copropriétés. Il s'agirait d'imaginer une formule à la française, tenant compte en outre de la démographie vieillissante des habitants, dont la durée des prêts serait, de fait, limitée et moins attractive en termes de parcours de vie. Une autre option serait de déconventionner le parc pour le céder à des acteurs de marché, cherchant donc une rémunération. Or l'exemple germanique montre là encore que les effets induits peuvent être négatifs sur les niveaux de loyers et la spécialisation sociale du parc. En définitive, si la vente à terme se pose nécessairement sur le plan théorique, sa mise en œuvre pratique n'apporte pas d'amélioration évidente à la situation actuelle. Pour continuer à examiner ce point, un débat préalable devrait être mené dans le but de trancher démocratiquement sur l'opportunité et les objectifs d'une refonte du modèle économique du logement social. Pour cela, un premier point serait d'établir une démonstration du changement d'état du logement social au terme d'un siècle de développement, un travail de recherche qui n'est à ce jour réalisé que partiellement.

Par ailleurs, les débats récents sur le logement dit intermédiaire tentent d'apporter une autre option médiane qui répondrait au double objectif d'obtenir des loyers plus faibles que ceux du marché, tout en garantissant une rentabilité économique, en se positionnant entre les prix du logement social et du locatif libre, là où les écarts sont les plus grands, c'est-à-dire dans les grandes villes. Il s'agit alors de retrouver, sous une formule actuelle, des produits qui s'approcheraient de ceux que détenaient les anciens « zinzins », ces investisseurs institutionnels, banques et assurances qui avaient cédé leur patrimoine durant les années 1980 et 1990 quand la financiarisation de l'économie s'accélérait. Ce type de produit suppose, pour être attractif, un avantage économique valable malgré les contreparties sociales. S'il ne fait pas de doute que, sur certains territoires et dans certains quartiers, des programmes pourraient pleinement fonctionner, le volume de logement potentiel reste limité. Ainsi, cette voie du logement intermédiaire tend plutôt vers une diversification des outils sur un segment de marché particulier du marché libre, du fait du constat conjoncturel d'un manque d'offre. Celle-ci ne s'inscrit donc pas dans une réflexion plus globale sur le modèle du logement social, au sens d'une articulation avec les autres segments du patrimoine sur le plan du modèle économique.

En définitive, les questions des modulations qui découlent du principe directeur du loyer d'équilibre ont pour point commun d'interroger les limites opérationnelles internes du modèle économique du logement social à la française. Or celles-ci ne sont pas en mesure de le remettre en cause tant sur le plan théorique que pratique. Par conséquent, il n'existe pas de voie évidente d'évolution significative de la logique d'ensemble du logement social au strict plan économique. Il en ressort donc une vigilance à maintenir sa stabilité. Le développement de ce deuxième chapitre renvoie la question économique au politique, et donc à la place du logement social dans la politique du logement : entre équilibre du marché (prix et profits), dynamiques urbaines (ségrégation et mixité) et dynamiques sociales (taux d'effort et revenus), organisées au prisme privilégié de la répartition des statuts d'occupation. Il est possible cependant de poursuivre la réflexion autrement, en passant de l'équilibre d'opération aux modalités de financement des opérations.

Investissement
Sur une épargne privée

Depuis un siècle, le financement du logement social à travers l'intervention de la Caisse des dépôts constitue un élément remarquable de stabilité en France, d'autant plus qu'il repose sur des fonds privés. En effet, le livret A géré par la Banque des territoires, une de ses directions, alimente les prêts aux organismes de logement social grâce aux économies des ménages, pour un volume qui représente quelques pour cents seulement de l'épargne privée au total. Cette articulation entre un acteur de l'économie social et le citoyen, via une institution financière d'intérêt général, est souvent présentée comme un tour de maître financier, grâce notamment à la transformation de l'épargne à vue en investissement de long terme. Le livret A est, en outre, entendu couramment comme une émanation de l'État, ce qui mériterait certainement d'être pondéré, vu la provenance des fonds, la nature particulière de leur gestion parapublique et donc non directement administrée. Peut-être serait-il plus adéquat de l'entendre comme une expression de l'économie mixte à la française, relevant d'un mode d'organisation à considérer comme tel. Cette observation tend à relativiser une part des débats sur les orientations budgétaires de la politique du logement, dans la mesure où les variations observées sur le livret A ne tendent pas à remettre en cause la faisabilité du développement du logement social.

L'enjeu de faisabilité se joue conjoncturellement à la marge dans le bouclage, il dépend de cette marge de manœuvre pour la finalisation des projets.

Épargne

Le plan de financement s'organise de façon élémentaire et pourrait presque ressembler dans ses grandes lignes à une économie ménagère, dans le sens où sa force même vient de la simplicité de ses composantes principales. L'exigence d'un équilibre des comptes correspond cependant à des volumes tout à fait substantiels, à la mesure de la nature fortement capitalistique de toute entreprise immobilière. Suivant un schéma à l'échelle de l'opération, qu'il suffit de dessiner mentalement, une première courbe des recettes monte doucement, celle de l'accumulation régulière des loyers réglementés, dont les quittances n'augmentant faiblement à mesure des années. La pente suit, grosso modo, celle de l'inflation, le niveau des augmentations dépendant de taux réglementés issus de calculs sur des indices macroéconomiques. Cette courbe peut connaître quelquefois des paliers, correspondant à des stagnations lors de gels de loyers, comme au tout début des années 2000. À l'époque, le mouvement HLM l'avait accepté en contrepartie d'un ensemble d'améliorations de la conjoncture financière, associées notamment à une baisse du taux du livret A et des aménagements de TVA. L'effet des gels des loyers est tel que celui-ci ne se rattrape jamais, mais il peut se compenser par une baisse des charges. C'est la deuxième courbe parallèle. Elle comprend le remboursement des prêts issus du livret A, dont le taux d'intérêt suit lui aussi, grosso modo, l'inflation, modulé en fonction des décisions conjoncturelles des gouvernements, là encore au regard de considérations macroéconomiques.

La première année d'un programme à un statut exceptionnel, les fonds ont été obtenus et l'immeuble entre en fonction, il se remplit d'habitants. Les premiers loyers et charges tombent, captés par l'organisme qui pourra attendre la première échéance annuelle de remboursement de ses prêts. La part des emprunts au début du processus, souvent calculée sur quarante-trois ans, équivaut à plus de la moitié des recettes. La trésorerie liée à l'opération va ensuite doucement diminuer, connaissant des effets de seuils sur le même principe que ceux produits en recettes par les gels de loyers. L'entrée en vigueur de la taxe foncière sur les propriétés bâties (TFPB), après le temps d'exonération, compte beaucoup dans le calcul. La variation du taux du livret A sur le long terme joue également, à la hausse comme à la baisse. Mais la signature d'un prêt sur une quarantaine d'années implique une forte incertitude sur le niveau réel des taux sur le long terme, lequel ne peut se lire dans les plans des financements opérant des projections. C'est pourquoi des outils propres au domaine financier sont développés, qui permettent d'aboutir à des hypothèses indispensables pour garantir la confiance de l'ensemble des agents impliqués dans la gestion des fonds. Par exemple, la très forte baisse historique des taux d'intérêt des années 2010 occasionnait des critiques parmi les acteurs économiques, sur les perspectives de long terme évaluées à la Caisse des dépôts et jugées parfois surévaluées, avec des remontées de taux à un horizon proche. Or les évolutions récentes ont montré que cette prudence fait sens. Il s'ensuit que les remboursements des organismes avançant, au fil des années par rapport aux évolutions des taux, la courbe des charges du schéma général fluctue plus ou moins et se fait le reflet de l'évolution économique générale. Mais dans ce processus, un élément demeure invariable : l'immeuble est remboursé au bout d'une quarantaine d'années, à partir desquelles l'organisme a reconstitué ses fonds propres. Par conséquent, l'horizon économique d'une opération de logement social dépasse l'horizon professionnel des individus, professionnels comme habitants. Ce point est tout à fait essentiel : le modèle économique du logement social est fondamentalement de l'ordre de l'intérêt général, puisque son cycle temporel obéit à un mouvement intergénérationnel.

Ainsi, l'argent privé investi dans le logement social depuis une centaine d'années continue d'y être réinvesti à terminaison des prêts, recyclant en quelque sorte la mise du départ dans l'entretien d'un patrimoine au sens plein du terme. Ce financement en prêts représente environ les trois quarts nécessaires au développement de l'activité, qui dépend pour le dernier quart d'aides diverses. En effet, un programme de logement social ne peut pas se financer uniquement par les prêts de la Caisse des dépôts, du fait de la nature même de l'opération. Ce point d'analyse est peut-être le plus crucial, car il explique le recours structurellement indispensable à un complément de financement de l'ordre de la subvention. Les prêts de la Caisse des dépôts sont consentis dans le cadre d'une activité de gestion d'un bien immobilier réglementé. Autrement dit, la banque peut prendre le risque de prêter aux organismes de logement social en fonction des recettes attendues, et de celles-ci seulement. Les recettes sont uniquement constituées des loyers dont le niveau, inférieur à ceux du marché, ne suffit pas à couvrir le coût de la construction sur la durée du prêt. C'est toute la différence avec une opération d'investissement locatif qui fait d'abord entrer dans son modèle un niveau de loyer supérieur. Puis, intervient l'appréciation de la valeur du bien dans le temps, pour une revente à terme générant une plus-value potentielle. Le logement social suit une logique totalement différente, et même à l'opposé, qui intègre structurellement des recettes moindres et une absence de plus-value, comme conditions préalables. S'ajoute à cela l'exigence de construire des bâtiments de qualité, capable de durer au moins quarante ans. Par conséquent, les recettes des loyers et de charges ne couvrent pas les coûts de construction et d'entretien courant, d'où la nécessité d'un apport supplémentaire. Une partie de ce financement se trouve sur les marchés financiers, mais dans une moindre mesure compte tenu des exigences de taux et de durée pour les organismes de logement social, et de garanties exigées par les banques privées. Il ne reste donc financièrement que l'option de mobilisations de fonds propres ou fonds gratuits. Ils peuvent prendre la forme d'aides directes de l'État en numéraire, aujourd'hui faibles, également de la part des collectivités locales partenaires ou d'organismes se plaçant en dehors d'une logique de rentabilité.

C'est pourquoi d'autres aides techniques sont mises en place. Elles dépendent d'aménagements de la réglementation décidés par l'État qui les ajuste au cours du temps, les modifie en fonction de la conjoncture. Le but, rationnel, est de rendre possible le bouclage des opérations au moindre coût pour les finances publiques. Introduisant, pour les organismes de logement social, des avantages par rapport aux règles ordinaires du marché, ces aides correspondent à ce que l'Union européenne entend comme des compensations, justifiées par les missions de service économique d'intérêt général (SIEG). Le plus souvent, elles ne prennent pas la forme de dépenses véritables et s'apparentent plutôt à des incitations en non-recettes fiscales. Cela peut concerner, par exemple, des avantages de taux sur la TVA, des exonérations temporaires sur d'autres taxes, toujours à raison de certaines conditions, de contreparties sociales. Tout un ensemble de petites aides à la marge qui, une fois cumulées, mettent de l'huile dans les rouages. Dans la mesure où elles conditionnent la faisabilité, leur coût réel est quasi nul puisqu'en leur absence, les opérations auraient été reportées, voire abandonnées, générant une recette fiscale réduite à zéro.

Une comparaison internationale élémentaire permet de bien saisir l'intérêt du mécanisme. Dans la plupart des pays européens, le logement social reste résiduel, les nouveaux chantiers sont rares : le budget dévolu à ce secteur est faible comme les recettes fiscales qu'il génère. En France, où il produit autour de 100 000 nouveaux logements par an, cette réalité économique mobilisant aujourd'hui peu de subventions, donc de dépenses réelles, parvient à générer des recettes fiscales certes minorées au regard du marché libre, mais qui disparaîtraient complètement en l'absence d'un secteur social constitué. En effet, le logement social se présente comme un segment du marché du logement qui permet de dégager du pouvoir d'achat pour les ménages qui en bénéficient, réinjecté dans l'économie ou épargné en vue d'accéder à la propriété. Autant de pratiques économiques qui reviennent vers le marché et sa fiscalisation ordinaire. Il s'ensuit que cette forme d'aide au secteur repose sur la même idée que celles en direction de l'investissement locatif privé, via les mécanismes de défiscalisation. Mais la différence majeure est que le logement social conserve sur le très long terme sa vocation sociale, quand l'intervention sur le parc privé n'est qu'éphémère. L'aide publique au logement social n'a rien de volatile, elle entend consolider l'investissement, contribuant à la stabilité de l'offre.

Stabilité

L'établissement d'un financement pour la longue durée, spécifique au secteur, est l'élément le plus important de la pérennité du modèle économique du logement social. Il contribue en cela à caractériser très fondamentalement le modèle français de politique du logement. Contrairement aux aides ponctuelles mises en place par l'État, dont la logique se retrouve dans la plupart des autres domaines de l'action publique et varient selon les meilleures opportunités économiques du moment. Contrairement, aussi, aux aides personnelles au logement qui relèvent davantage de la politique des revenus que du logement à proprement parler. Aujourd'hui, pour garantir la stabilité du système de prêts sur fonds privés, des hypothèses de long terme sont publiées chaque année à l'initiative de l'État. Les chiffres sont arrêtés en concertation explicite avec la Caisse des dépôts, la Caisse de garantie du logement locatif social et l'Union sociale pour l'habitat représentant le Mouvement HLM. Un consensus solide est établi, qui sert de guide pour évaluer l'équilibre des opérations neuves. Les informations de référence sont officiellement publiées dans une « Note technique relative aux hypothèses macroéconomiques à retenir dans les simulations d'équilibre des opérations locatives sociales », par la sous-direction du financement et de l'économie, du logement et de l'aménagement, de la Direction de l'habitat, de l'urbanisme et des paysages (DHUP). Autrement dit, la haute administration transmet à l'ensemble des responsables déconcentrés de l'État, ainsi qu'à différents organismes publics et grands partenaires, ce qui s'entend comme l'assurance de pouvoir poursuivre la mission, dans la constance historique du choix du logement social à la française.

Les prévisions tendent à relativiser les variations de court terme et bien inscrire le long terme au regard des grands équilibres. Elles s'intéressent au taux du livret A structurel à quarante ans, qui varie peu d'une année sur l'autre, établi par exemple dans la note 2022 à 1,5 %, reprenant l'étude « Perspectives » de la Caisse des dépôts. Elle définit aussi les coûts de gestion en fonction de la médiane des coûts déclarés par les organismes de logement social dans une base de données spécifique, dite Boléro (pour Base d'observation du logement, étude et référencement des organismes), avec un décalage de quelques années dû au processus de collecte et de traitement.

Les informations sont détaillées, elles tiennent notamment compte de la vacance, des impayés, de la maintenance, des charges de personnel, etc. La note technique s'intéresse, d'autre part, à la valeur des loyers plafonds majorés par l'indice de référence des loyers, prix dans une estimation moyenne de la Caisse des dépôts calculé sur quarante ans. Enfin, élément nouvellement prix en compte, l'impact de la RLS qui dépend de la loi de finances votée annuellement à partir d'un dispositif instauré seulement en 2018, ce qui empêche de l'intégrer pleinement dans les projections de long terme. Contrairement aux autres données intégrées à l'équation du modèle, en lien direct avec le mouvement global de l'économie réelle, il s'agit là d'une mesure strictement politique. Hormis ce dernier point particulier, qui mérite à ce titre d'être souligné, l'ensemble de ces éléments créent un climat économique propice à la stabilité de l'activité du secteur.

Outre la vision sur le cadre macroéconomique apportant des repères de long terme, plusieurs amortisseurs d'ordre pratique sont également mis en place. À la différence des crédits immobiliers que les ménages remboursent mensuellement, les organismes de logement social versent des annuités, dont le taux est celui en vigueur à la date anniversaire du prêt. Il s'ensuit que les fluctuations du taux du livret A qui conditionnent les taux d'intérêt des prêts sont réduites et peuvent être anticipées, grâce à un effet de lissage sur des périodes d'un an. En outre, la clause dite de « double révisabilité » des prêts permet d'atténuer l'effet de seuil des hauses de taux, en modifiant le cas échéant les parts respectives de remboursement du capital et des intérêts. Lorsque le taux monte, l'organisme rembourse plus d'intérêts et moins de capital, inversement lorsqu'il baisse, il rembourse moins d'intérêts et plus de capital. En revanche, depuis 1984, l'usage de taux fixes a été abandonné au profit de taux variables. Les prêts sont donc sujets aux variations de l'économie. Les taux fixes restent, certes, proposés, mais seules de toutes petites entités en souscrivent, telles que des associations gérant des foyers pour une réhabilitation, dont l'activité porte peu sur la gestion d'une dette et qui recherchent donc la meilleure visibilité. Les organismes de logement social ont pris l'habitude de souscrire à taux variables, moins chers, mais sujets à des hausses. Cela peut s'expliquer par l'évolution du taux d'intérêt du livret A sur longue durée. Son pic se situe en 1982 à 8,5 % en moyenne annuelle. L'anticipation d'un retour progressif vers la moyenne historique a pu inciter la Caisse des dépôts à revoir son offre, à une époque de financiarisation de l'économie. Cette habitude est restée, qui n'a pas été contredite par les faits, eu égard à la baisse tendancielle qui perdure très longtemps, jusqu'au retournement historique récent amenant à s'interroger sur l'origine de ce choix, qui mériterait d'être analysée en détail.

Ainsi, lors de la crise financière en 2008, les organismes HLM ont pu continuer à se financer, tandis que partout dans le monde le système bancaire se figeait. Les promoteurs immobiliers avaient perdu leurs clients et se trouvaient dans la peine de trouver des solutions à leurs lignes de crédit. Le livret A, quant à lui, montait à 3,70 % en moyenne annuelle, une hausse certes importante sur le moment, mais assurément amortie avec le temps. En définitive, les prêts aux organismes HLM ont cette double caractéristique de rester en relation directe avec l'économie réelle, tout en étant protégés de ses à-coups. Loin de l'économie administrée, des plans stricts et des sommes budgétées, la ressource financière du logement social repose sur une épargne ménagère volatile dont le taux suit l'inflation et les modulations interventionnistes des gouvernants. Du point de vue des déposants, les données du problème sont claires, contrairement aux produits financiarisés, comme les assurances vie, par exemple. L'évolution de l'inflation est régulièrement commentée dans la presse généraliste, de même que l'annonce par le ministre de l'Économie d'une modification du taux du livret A fait chaque fois l'objet d'une attention particulière des journalistes. Le principe de la défiscalisation des intérêts est admis comme un droit. Les dépôts s'élèvent en moyenne 7 000 euros environ, le tiers des dépôts se situant entre 1 500 et 15 000 euros, une moitié proche du plafond, le reste plus faible. Chez les ménages aux revenus modestes, il représente un projet concret pour une étape de la vie : pour un jeune, le permis de conduire et une petite voiture d'occasion, pour un couple qui s'installe les frais de son déménagement, pour une personne plus âgée des soins dentaires importants, entre autres exemples. Dans la répartition du patrimoine des ménages aux revenus plus élevés, il constitue un classique des actifs, motivé par l'aspect fiscal. À l'opposé, pour les personnes aux tous petits revenus les plus précaires, il représente une précaution, en sécurité à la banque. Cette répartition qui montre que toute la population est concernée, avec environ 50 millions de livrets, permet d'obtenir un volume financier conséquent, en permanence, et pleinement intégré à la culture économique des Français dans la gestion de leur argent. C'est en cela qu'il s'entend pleinement comme un produit populaire.

Bouclage

Au milieu des années 1990, de nombreuses études sur le logement social portent sur la vacance qui augmente, au point que la question devienne préoccupante chez les organismes. Des commissions d'attributions donnent les clés à des candidats qui finalement se désistent. Le logement social perd en attractivité, une situation bien réelle qu'il est difficile de concevoir aujourd'hui, tant le contexte s'est inversé. Du côté des entreprises sociales pour l'habitat, c'est le moment où la notion de client est introduite, afin de concevoir la relation aux demandeurs et aux habitants différemment, tenant mieux compte de leurs attentes. La construction neuve se situe alors autour de 40 000 logements par an, environ la moitié du rythme qui prévaudra au début du XXIe siècle. À l'échelle gouvernementale, le diagnostic de la situation évolue en 2000, lorsque Marie-Noëlle Lienemann, alors secrétaire d'État au logement, brise le tabou de la démolition du parc social obsolète, qui ouvre la voie à la rénovation urbaine que Jean-Louis Borloo met ensuite sur les rails. Parallèlement, c'est le vote de la loi SRU où la part de logement social de 20 % dans les communes urbaines devient un objectif cardinal pour les années qui suivent, dans le fameux article 55. La construction de logements sociaux est relancée, mobilisant davantage de fonds propres et moins d'aides, sans que cela ne pose problème, grâce à l'amortissement d'une partie du parc. Mais c'est aussi le moment d'une inflexion à bas bruit du modèle, qui admet progressivement l'idée de déséquilibre des opérations, jusqu'alors antinomique.

Une autre doctrine apparaît. Le principe selon lequel de la somme d'opérations équilibrées découle l'équilibre de l'organisme tend presque à s'inverser. Un organisme ancien qui aura su préserver son équilibre dans le temps pourrait désormais admettre des opérations en déséquilibre, compensées, en quelque sorte, grâce aux bons auspices de sa gestion passée. Une telle inflexion n'arrive pas par hasard, elle résulte d'un consensus implicite sur les conditions du bouclage des opérations, entre l'État et le mouvement HLM, qui se met en place durant les années 2010, dans les suites de la crise financière et immobilière. Construire coûte plus cher de même que l'accès au foncier. Pour dépasser cette difficulté, l'innovation financière est mise à profit, toujours dans le cadre strict de la stabilisation du secteur. L'idée part du constat qu'en respectant le schéma traditionnel, la mobilisation insuffisante des fonds propres, les difficultés à vendre à l'occupant, les hausses de coûts font que, dans nombre de situations, l'organisme est bloqué pour boucler à l'équilibre. Il faudrait alors attendre plusieurs années de reconstitution de ses fonds propres pour envisager de réaliser l'opération. Par conséquent, au lieu d'attendre meilleure fortune, compte tenu des besoins, l'organisme s'autorise alors à puiser dans ses marges de manœuvre actuelles, qui incomberaient logiquement à la rénovation de l'existant, pour préférer la construction. Un calcul est fait, par lequel se substitue au « chaque chose en son temps » un effet de tuilage : laisser patienter la potentielle réhabilitation d'un côté pour construire de l'autre, jouant sur la gestion interne.

Dès lors qu'on la compare aux pratiques usuelles des copropriétés, cette adaptation n'a rien de choquante. Dans la plupart des opérations passées quarante ans, un certain nombre de composants sont remplacés, comme les fenêtres ou le système de chauffage, une intervention sur la toiture et un contrôle des balcons peuvent être ordonnés. Mais la structure des constructions en béton armé perdure le plus souvent sans fissure, les cages d'escaliers engagent seulement de menus frais de peinture. Autrement dit, aucun réinvestissement massif n'a lieu. Ce choix fréquent peut s'arbitrer aussi en logement social, qui, de ce fait, réduit son rôle moteur dans la réhabilitation du parc de façon générale. Seuls les immeubles aux procédés constructifs spéciaux, expérimentaux, dont le caractère innovant n'a pas été avéré ou qui admettaient dès le départ un choix de sous-qualité sont concernés. Or ceux-ci sont traités par le renouvellement urbain, c'est-à-dire selon une autre filière, avec ses financements dédiés.

Ce mode de raisonnement se traduit financièrement par des marges de manœuvre de gestion. En ne raisonnant plus de ligne à ligne pour chaque opération, mais à l'échelle de l'organisme, il devient possible de recompacter les dettes, de mieux exploiter certaines ressources de l'ingénierie financière jusque-là laissées de côté. La gestion se simplifie et laisse la place à la négociation entre les organismes et leurs financeurs sur de nouveaux aspects. Certes, de tels aménagements techniques ne créent pas de valeur financière, mais ils apportent des lissages supplémentaires dans le suivi de la dette, concourant à la stabilité du modèle questionné par un regain productiviste du secteur, porté essentiellement par ses ressources internes. C'est alors que peuvent être envisagés des dispositifs d'appoint comme les prêts de haut de bilan, ou titres participatifs, par la Caisse des dépôts en 2016. Ils partent de l'analyse tirée des travaux prospectifs d'une dégradation de la trésorerie des organismes à l'horizon d'une vingtaine d'années.

Afin d'alimenter leur trésorerie pour limiter les baisses attendues d'investissement, une formule hybride de transition est imaginée. Elle consiste à apporter à l'organisme un capital qu'il peut utiliser en construction ou en rénovation immédiatement, sans rembourser ni de capital, ni d'intérêt, durant quinze ou vingt ans. L'objectif technique est d'accroître l'effet de levier des fonds propres, en disposant à brève échéance de quasi-fonds propres supplémentaires. Cette initiative intervient à un moment où les taux d'intérêt sont très faibles sur le marché, et donc avec de l'attractivité des produits financiers plus classiques dont les organismes pourraient se saisir. Or, pour les obtenir, les banques attendent des entreprises des garanties en capital plus importantes que ne le prévoit le secteur du logement social. Si le mouvement de remontée des taux rend moins pertinent ce second argument, le principe général d'une avance sur recette fonctionne toujours. Il permet en quelque sorte aux organismes de disposer, à coût financier faible, d'une partie de leurs fonds propres actuellement immobilisés dans le financement de leurs opérations récentes et qu'ils ne récupéreront donc que bien plus tard. L'intérêt de ce dispositif à court terme est aussi le révélateur d'un essoufflement prévisible du potentiel financier interne des organismes sur le plus long terme. Pour prendre une image, cette sorte de dopage aussi habile soit-il ne remplace pas une alimentation saine du sportif pour les compétitions à venir. La recherche du bouclage des opérations est bien un enjeu permanent, sans solution définitive. La stabilité du modèle sur le long terme également, c'est pourquoi un processus méticuleux de validation des investissements des organismes est mis en place.

Celui-ci procède en trois étapes qui certifient la démarche lancée par l'organisme. La première est interne, le directeur général n'est pas seul à prendre les décisions, tout projet d'ampleur est soumis au vote de son conseil d'administration. Composé de représentants des forces vives des territoires et du monde économique, de personnalités qualifiées, les délibérations sont tournées tant vers la faisabilité que la réponse à une mission d'intérêt général, trouvant sa place au sein du marché immobilier. Deuxièmement, la demande de prêts auprès de la Caisse des dépôts est également examinée au regard de la structure de la dette de l'organisme et de l'expertise spécifique de l'établissement. Enfin troisièmement, l'État local intervient pour accorder les agréments, ces autorisations officielles de production d'un nouveau logement social. À ce stade de l'analyse, un outil de calcul sert de référence, appelé Lola (pour Loyer d'équilibre des opérations locatives aidées). Cet instrument de contrôle pouvait, à l'origine, apporter une certification opération par opération. Il constitue aujourd'hui un outil complémentaire d'aide à la décision, au sein des délégations territoriales. La note technique du ministère précise bien qu'il ne peut à lui seul motiver le refus d'un agrément, du fait même de la tolérance, devenue habitude de gestion, des opérations déséquilibrées. Pour compenser ce degré d'incertitude qui fragilise la robustesse du modèle et donc la certification de sa soutenabilité, des études à différentes échelles sont menées assurant un suivi prospectif. La posture théorique s'est donc inversée. Alors que le logement social était fondé sur une vérité mathématique a priori, à savoir la somme des opérations, il fonctionne désormais sur une estimation a posteriori, et donc sur un principe de vigilance permanente. Derrière ce constat repose une évolution profonde de notre société dans son rapport à la technique et à ses instruments, qui traduit moins une augmentation des risques qu'un déplacement des incertitudes.

Voilà quelques décennies, l'engagement pour le développement du logement social s'opérait dans un État centralisé, déclinant un modèle sur les territoires, sans connaissance précise des dynamiques locales, avec la prudence analogique d'un principe de loyer d'équilibre à l'unité, dont découlait mécaniquement de chacune des parties, le tout pas encore constitué. Aujourd'hui, les réalités locales sont tout à fait essentielles dans la gestion et le développement de l'habitat, le secteur du logement social y tient une place structurelle. Ses instruments ont évolué avec la financiarisation de l'économie. C'est désormais l'équilibre national qui est devenu la boîte noire et le garant du modèle, quand l'équilibre de l'opération est devenu la variable d'ajustement. Si le modèle du logement social reste globalement le même, il s'entend dorénavant sous un prisme inversé.

Appréciation
Sur une gestion administrée

Le modèle économique fondé sur l'équilibre d'opération connaît de nombreuses altérations, afin de le poursuivre sans mettre en péril ses atouts, tout en cherchant des voies qui s'éloignent de la sphère proprement publique, pour s'inscrire dans une pratique originale de l'économie sociale. Il n'en reste pas moins que ces adaptations cumulées finissent par produire des véritables inflexions, qui, avec des éléments semblables, retournent les raisonnements, modifient des perspectives. Les agents économiques que sont les organismes et leurs modes de regroupements cherchent naturellement à en tirer, autant que possible, les bénéfices, exerçant pleinement leurs responsabilités sous le regard de l'État. Il en ressort une diversité de pratiques qu'il est important d'examiner pour envisager une ouverture prospective.

Inflexion

Les latitudes prises avec le strict principe directeur du loyer d'équilibre sont de plus en plus discutées, à mesure que montent les interrogations, voire les inquiétudes, sur la pérennité du modèle économique du logement social. Mais la tendance consistant à substituer les aides publiques directes aux organismes par des aides indirectes est bien ancienne et installée, avec des inflexions conceptuelles explicites, quoique souvent oubliées. Par exemple, la circulaire du ministère sur les prévisions quant au calcul de l'équilibre d'opération, dès sa version de 1997 publiée voilà plus d'un quart de siècle, avait déjà été analysée en ce sens. Elle précisait notamment les conditions fixées par l'État pour l'octroi de prêts locatifs aidés (PLA), selon la formule en vigueur à l'époque. Des évolutions découlant du contexte économique avaient été pointées qui amenaient des conséquences. Ainsi, une baisse de la TVA intervenait en compensation de la disparition d'aides directes en investissement; différents taux étaient révisés dans les modes de calcul. Mais surtout, l'appréciation de l'équilibre était modifiée: alors que celui-ci devait se vérifier à chacune des annuités sur toute la durée du prêt, c'est l'équilibre global de l'opération qui devenait la norme, pouvant donc admettre des déficits passagers. Par ailleurs, la capacité à reconstituer les fonds propres qui était un objectif admis, bien que difficile à obtenir, basculait en critère secondaire, qui ne pouvait justifier un refus d'agrément. Ce point est important, car le logement social à la française étant par nature considéré comme incessible, la reconstitution des fonds propres, par principe et en dehors de toute valorisation vénale des biens possibles, revenait à envisager sur le très long terme une forme d'autopartage de cette politique. L'investissement public de départ pouvait donc être volumineux et se justifier tout à fait, afin de pouvoir enclencher une mécanique qui le ferait réapparaître plus tard, lui conférant un puissant effet de levier, par cycles successifs. Or l'inflexion qui intervient en 1997, inscrite à ce moment-là dans la note technique du ministère, témoigne d'une plus grande importance accordée envers la nécessité de contenir la dépense publique. L'ambition de plus long terme est délaissée, option au demeurant courante dans la gestion des affaires en général et des affaires publiques en particulier. Cela prouve également que cet horizon théorique n'a jamais été vraiment réalisable dans ses modalités techniques et relève en ce sens de la fiction pure ou de l'utopie. La position pragmatique, qui consiste à admettre une nécessaire bataille permanente pour la pérennisation du modèle de logement social, semble donc la seule vraiment envisageable, malheureusement indissociable de tensions, entre les principaux acteurs que sont l'État et le secteur du logement social.

Cette évolution administrative, qui s'inscrit dans un mouvement plus vaste de déclinaison politique du néolibéralisme qui marque notre époque, est à mettre en lien avec le rôle qu'entend jouer aussi le troisième grand acteur qu'est la Caisse des dépôts. S'éloignant d'une fonction de simple guichet d'aides d'intérêt public, celle-ci s'affirme comme établissement bancaire, cherchant à prêter largement tout en limitant ses risques. Son expertise ne se limite donc plus à évaluer un projet ponctuel de logement social au regard de critères normés, mais à l'analyser en le replaçant dans une entité plus vaste et plus complexe qu'est l'entreprise elle-même, l'organisme de logement social. Cette logique davantage tournée vers le fonctionnement classique du financement de l'économie n'en reste pas moins encadrée, pour ne pas dire administrée, l'opérateur disposant en pratique d'une marge de manœuvre faible. Car tout repose sur des prévisions de long terme, sur lesquelles il ne peut intervenir, dont les variations infimes ont mécaniquement des conséquences financières substantielles et cumulées, vu les sommes mobilisées et la durée des projets.

Cette caractéristique de travailler sur des horizons de l'ordre du demi-siècle est, certes, une exception dans le domaine de l'immobilier, comme cela l'a déjà été souligné, mais aussi dans l'économie en général, à rapprocher peut-être d'activités particulières de domaines éloignés, comme la gestion des forêts, ou les financements basés sur les risques des assureurs. Bien entendu, l'influence du cadre strictement normé des prévisions comme des modes de calcul sont essentiels. Mais le paradoxe est tel que tous les bilans d'opérations sont démentis par les faits, la vie d'un programme dans la ville ne se passant jamais tout à fait comme sur le papier. Les prévisions à un temps T ne reflètent que globalement les fluctuations naturelles de la vie économique, sous la forme de moyennes et de pondérations avec leurs marges d'erreurs. Pour autant, les organismes comme le secteur dans son ensemble parviennent à se maintenir et même se développer, malgré cet écart, parfois grand, entre les trajectoires supposées et les ajustements au fil de l'eau. La force de cette constance résulte de plusieurs facteurs qu'il est utile de rappeler.

La fixation stricte des loyers, autrement dit une source de recettes contenue, mais continue, échappe tant aux gains économiques qu'aux pertes alarmantes, ce qui protège les organismes des soubresauts du marché. Concernant les bénéfices à travers la reconstitution des fonds propres, ils restent l'hypothèse faible, imperméable aux valorisations immobilières. Pour ce qui est des pertes, elles sont limitées de plusieurs manières. Soit le locataire en place dispose de revenus trop faibles et une politique sociale des revenus intervient à travers l'APL. Elle pèse ces dernières années de l'ordre de 6 milliards d'euros pour un montant global de loyers de l'ordre de 20 milliards. La part apparaît importante, mais elle est équivalente à celle qui est versée parallèlement pour le parc locatif privé, ce qui évacue tout débat sur un déséquilibre de leur répartition. Soit l'organisme se voit confronté à des dépenses de gestion plus importantes qu'estimées, notamment en cas de vacance prononcée du fait d'une dégradation accélérée du patrimoine, dans un quartier en difficulté. Mais alors l'action publique intervient, avec la rénovation urbaine, pour redresser la situation.

Le cas le plus extrême est celui d'une gestion volontairement déficitaire de l'organisme, en dépit des usages de la profession. Cela a été le cas, par exception historique pour des raisons politiques, de quelques offices d'inspiration communiste qui étaient entrés en lutte contre les augmentations de loyer, afin de préserver le pouvoir d'achat des locataires et dénonçant par là même les effets de la précarité. Cette démarche visait à refuser de façon récurrente l'actualisation des recettes prévue initialement et le recul des logiques de subvention de l'État, tandis qu'en dépenses, l'entretien ne pouvait être assuré à la hauteur des budgets escomptés. Les collectivités locales pouvaient alors être mises à contribution, jusqu'à ce que naissent des inquiétudes sur les remboursements des prêts, cas limite dans lequel peuvent jouer les garanties d'emprunt. Mais là encore, dans ce cas, le caractère administré du secteur joue à plein. Une procédure de redressement est prévue, portée par un établissement public déjà cité, la CGLLS, qui reprend en main la gestion de l'organisme. Un protocole se met en place, il peut conduire au rachat de l'organisme par un autre pour en assainir le passif. Ainsi, même en situation de gestion alternative au modèle, les sorties de piste ne sont que temporaires. Le contrôle de l'État peut intervenir de façon directive, dès lors que la gestion déroge au cadre établi.

En définitive, les inflexions entérinées par l'administration viennent transformer les anciennes aides de guichet au processus automatisé, en avantages moins directs, mais toujours fortement contrôlés. Cette évolution éloigne immanquablement la perspective économique d'auto-portage du secteur. La possibilité d'un moment de bifurcation politique clair, par lequel l'investissement public aurait suffisamment capitalisé dans le secteur pour pouvoir se permettre de cesser de continuer à la soutenir n'apparaît de ce fait pas envisageable. Passer à une autre étape historique nouvelle de la politique du logement, en laissant le logement social voler de ses propres ailes, reste financièrement inatteignable. Le modèle économique se consolide en fait d'une autre manière qui tient plus dans l'organisation du partage des responsabilités, pour contenir les risques, ce qui ne va pas sans certaines limites.

Responsabilités

Le logement social à la française, d'autant plus lorsqu'il est présenté par le secteur lui-même, rappelle volontiers sa vertu : parvenir à produire et gérer des logements dont la qualité est supérieure à ce que laisserait présager leur niveau de loyer. De là, et de là seul, découle toute la mécanique du modèle économique. La politique du logement par le logement social est alors une politique de parc, qui, au fond, laisse de côté les habitants. Même les plafonds de ressources vont dans ce sens, puisqu'ils concernent potentiellement les deux tiers des ménages, alors que plus de la moitié sont déjà propriétaires de leur logement. Souvent, ce semblant de paradoxe est relevé pour dénoncer une forme d'absurdité, qui en réalité n'en est pas une : elle découle d'une grille d'ensemble du logement social, dont le but est de traiter la construction et la gestion du bâtiment et non de classer ou travailler la relation avec les habitants. Le sens du modèle économique est volontairement orienté ailleurs, en un seul sens qui en fait toute sa force : l'État établit une grille de référence, valable partout en France, moyennant de menus ajustements. Ceux-ci tiennent compte, par exemple, de la spécificité de la région capitale en termes de prix. Les organismes se doivent de respecter cette grille et dès lors que celle-ci se vérifie, par un processus lui aussi normé, la mission est remplie, achevée. Le logement social s'inscrit par conséquent parfaitement dans ce modèle français aux accents administratifs, issu de la tradition des riches heures du ministère de l'Équipement, et ce malgré la décentralisation intervenue entre-temps. Derrière les réflexions sur l'équilibre d'opération apparaît en fait un cadre de pensée bien établi, particulièrement classique et caractéristique, qui fonde le logement social à se conformer toujours aux canons administrés.

Cette réalité est admise comme une assurance de qualité, esquivant habilement les contraintes du monde économique sur le marché, opérant un partage clair entre l'État, la Caisse des dépôts et le secteur, dans cette forme d'économie mixte à la française dont Action logement représente probablement une des émanations les plus singulières. Ce cadre est moins regardé comme un carcan que comme une protection, il constitue l'assurance d'une politique du logement social devenue un pilier de notre modèle social, qui a pour intérêt de contrebalancer la politique sociale du logement, traitée à travers APL. Mais ce cadre de référence et ses processus qui ont fait leur preuve sur plusieurs décennies, trouvant chaque fois dans les périodes se succédant des formules pour se poursuivre, comporte aussi une limite interne rarement soulignée comme telle. Puisqu'il représente, presque ontologiquement, une assurance pour toutes les parties prenantes, tous leurs efforts convergent pour le maintenir, avec pour résultante un mouvement général d'esquive face au changement, rétif aux logiques de transformation. Le revers de l'adaptation permanente pour garantir la stabilité est le report sans fin de la réflexion sur l'étape d'après. Le logement social est devenu, comme la politique de la ville apparue après lui en excroissance, une permanence et donc contraire à la logique de projet dont il pouvait être cependant l'émanation.

La force du modèle économique fondé à l'échelle de l'opération, et discuté ensuite dans son efficience à l'échelle de l'organisme puis à celle du secteur tout entier, procède par agrégations successives sans repenser clairement les concepts propres à chaque strate, en tant que mode d'organisation imbriqué. Par exemple, la diversité des organismes provient des origines buissonnantes du logement social, entre initiatives patronales et municipales, hygiénisme et urbanisme. Il en découle différentes formes d'entreprises reposant pourtant sur le même principe directeur de l'équilibre d'opération : entreprises de droit public, de droit privé, société d'économie mixte, coopératives… Chacune de ces branches a mis en place sa fédération et chemine avec ses spécificités. Mais la structuration de leur complémentarité est laissée à leur libre appréciation, l'État restant volontairement à distance, tandis que le secteur en son sein ne ressent pas le besoin de travailler les synergies de cette agrégation Parfois des doublons, voire des concurrences, sont observées sans que ces éléments ne soient traités avec le même degré de systématicité que celui, cardinal, de l'équilibre d'opération. La forme d'organisation du logement social au prisme des entreprises ne dispose pas de la même exigence de théorisation et de systématisation.

L'injonction récente au regroupement des organismes à l'initiative de l'État, dans la Loi portant évolution du logement de l'aménagement et du numérique (Elan), en apporte une illustration éclairante. Toujours dans le même objectif de favoriser la construction sans recours à une ligne budgétaire, la stratégie consiste à faire encore mieux circuler la trésorerie des organismes entre eux et pour ce faire leur imposer des regroupements. Il s'agit donc d'approfondir le mouvement déjà entamé depuis plusieurs décennies de recherche d'optimisation de la gestion, en ajoutant seulement une adaptation supplémentaire. En effet, aucun concept nouveau de structuration de l'échelle intermédiaire ne vient ici travailler une complémentarité avec le principe directeur de l'équilibre d'opération. Le choix des regroupements se trouve ainsi impulsé par deux critères somme toute arbitraires, du moins indifférent à la connaissance historique du secteur : un seuil minimum de logements fixé à 12 000 unités d'une part, une nouvelle entité juridique de l'autre, société anonyme de coordination, inspirée du code de la mutualité, sans lien avec la culture professionnelle du logement. Autrement dit, seuls sont visés les organismes en dessous du seuil, avec la possibilité de continuer leur activité dans le cadre d'un premier niveau de coordination, ajoutant un type d'organisme supplémentaire dont le rôle effectif reste flou. Le recours à la grille unique de validation, complètement centralisée, est à nouveau à l'œuvre, mais sans plus-value systémique dans le modèle. L'adaptation du modèle s'est donc heurtée, dans le dialogue entre l'État et le secteur, à une capacité de coproduction faible en créativité, en innovation, sur une échelle d'intervention intermédiaire en manque de théorisation. Le mécanisme d'inertie se reproduit : des critères simples sont énoncés, s'ils sont vérifiés par les organismes, le problème est résolu. Mais n'est-il pas en réalité seulement reporté ?

On pourrait objecter à ce raisonnement que le secteur du logement social étant une telle réalité économique diversifiée, durablement installée, elle ne se prête guère à la structuration. Cela reviendrait à reprendre l'argument énoncé précédemment sur l'impossibilité d'auto-portage du secteur du fait de la primauté du court terme dans la gestion budgétaire. Le pragmatisme des acteurs sur le terrain l'emporterait ainsi toujours sur la stratégie d'ensemble. Mais les deux situations ne sont pas comparables, précisément parce que la réflexion sur le mode d'organisation entre les organismes, dans sa nature même, renvoie à une prospective, à l'élaboration d'une vision pour l'avenir, quand la gestion budgétaire reste quant à elle, et par nature également, ramenée toujours à la répétition d'un cycle annuel sur des critères précis. Autrement dit, si la conception du modèle économique à partir de l'équilibre d'opération tend à chercher en permanence le meilleur ajustement technique en fonction des contraintes du moment, la structuration des entités actives dans le secteur demeure une question structurelle de fond, qui n'est pas seulement théorique et abstraite, ou résolue dans une accumulation de détails éparpillés dans la réglementation. C'est pourquoi, au tournant d'un siècle de pérennisation du modèle économique du logement social, qui a permis l'installation d'un véritable secteur vaste et puissant, il serait pertinent d'envisager un degré supplémentaire d'organisation de ses agents économiques, au service de l'efficience du système, considérant qu'un nouveau cycle long pourrait être ouvert.

On touche finalement ici à une problématique assez nouvelle, qui n'est pas encore posée clairement comme telle. Elle permet de bien distinguer ce qui relève en quelque sorte des acquis de l'histoire et des enjeux à venir. Si de nombreux travaux de recherche historique depuis la fin des années 1980 ont permis de mettre en lumière la trajectoire passée du logement social à la française, les comparaisons européennes semblent avoir pris le pas sur la réflexion contemporaine interne au modèle. Une caractéristique forte des politiques du logement n'en demeure pas moins leur singularité par pays. Si l'on peut comprendre rétrospectivement les choix de la France en matière de logement social, quel est l'horizon économique pour le deuxième siècle de son existence, sous quelle forme d'organisation ? Cette question glisse immanquablement vers le débat politique, mais elle conserve une part proprement économique, traité actuellement seulement de façon buissonnante, comme l'ont été les origines du logement social, observation peut-être consolante, à défaut d'être rassurante.

Diversification

Dans cet état permanent d'adaptation sans projection claire, hormis le seuil à terme de 25 % issu de la révision de la loi SRU, les organismes de logement social cherchent logiquement à développer leur marge de liberté. Celle-ci est laissée par l'État à leur discrétion, une fois remplis les critères du cahier des charges de base de leurs opérations. Différentes formes d'explorations sont menées à l'échelle de l'organisme ou des regroupements d'organismes. Il serait peut-être judicieux de les comparer au foisonnement d'initiatives qui préparait les grandes évolutions du logement social et la construction de son modèle durant le siècle écoulé. Action logement en constitue un premier exemple. Cette entité qui se présente aujourd'hui comme un groupe est historiquement l'émanation de la collecte d'une cotisation sur la masse salariale : la Participation des entreprises à l'effort de construction (PEEC). Traditionnellement, elle était décentralisée en Comité interprofessionnels du logement (Cil) et contribuait à boucler les opérations des organismes, sous la forme de prêts. De la même manière que les organismes développaient progressivement un patrimoine, les comités constituaient un fonds pérenne, grâce aux retours, les remboursements des organismes au bout d'une quinzaine d'années qui pouvaient être prêtés à nouveau. Mais cette logique de long terme a été altérée comme celle de l'équilibre d'opération. L'État qui réduisait par ailleurs ses contributions en subvention s'est reporté sur Action logement, l'amenant à financer directement des politiques publiques en subvention, telles que la rénovation urbaine dans des volumes substantiels, en lieu et place des prêts et donc à l'encontre de sa logique initiale. Mais contrairement à l'architecture d'ensemble des organismes de logement social, le mode d'organisation d'Action logement a profondément changé ces dernières années. Constitué en groupe instauré par la loi, il met en avant ses participations dans une cinquantaine d'Entreprises sociales de l'habitat (ESH), soit plus d'un million de logements et l'équivalent de la moitié du patrimoine accumulé dans cette fédération des sociétés anonymes d'HLM. Des activités de services sont mises en place et développées, qui diversifient les prestations offertes, au-delà des métiers de la maîtrise d'ouvrage et de la gestion locative qui constituent les fondamentaux du logement social au sein des organismes. Par ce biais, le secteur se dote d'un instrument d'extension de son domaine au sens strict. Parallèlement, dans une moindre proportion, mais introduisant une hybridation des pratiques, des participations sont également prises dans des entreprises de logement locatif intermédiaire (LLI) et autres formes de logement spécifique, pour 70 000 unités environ.

Le logement intermédiaire est un concept mis en place au début des années 2010, mais envisagé précédemment, comme une réponse à un double problème : la stagnation du parc locatif privé et ses niveaux de loyer trop élevés. Comme évoqué précédemment, avec la financiarisation de l'économie à partir des années 1980, les investisseurs institutionnels ont délaissé cette activité de gestion à faible rendement. Elle s'est alors déportée vers les ménages individuels, en accession ou en multipropriété à des fins de placement. Or, actuellement, dans les métropoles attractives, le problème se pose du logement locatif des jeunes salariés, pour lesquels l'offre de logement social n'est pas accessible en termes de délai ou de disponibilité, cette population étant davantage accueillie par le parc privé. Le principe consiste alors à proposer une formule de placement institutionnel sur le créneau d'une offre légèrement moins chère que celle du marché, mais plus élevée que celle du logement social. Les loyers plus faibles correspondent à une demande identifiée et solvable, la perte de rentabilité pour l'investisseur est compensée par un produit financier pensé pour cela. Il est encouragé par une aide de taux, avec une TVA réduite et un avantage fiscal, via une exonération de taxe foncière sur la durée du conventionnement durant laquelle le loyer minoré est appliqué. Pour gérer ce segment parallèle au logement social, une entreprise est créée, regroupement de plusieurs entités antérieures, appelé In'li. Ainsi, Action logement reconfigure son activité en s'affirmant comme une entité et en développant de nouvelles activités, loin du seul dispositif technique lié à la collecte des cotisations des entreprises et leur affectation en direction des organismes de logement social.

Il en est de même pour la Caisse des dépôts qui dispose d'une puissante filiale immobilière, Caisse des dépôts Habitat. Celle-ci forme un groupe diversifié, en synergie avec l'activité bancaire. Le groupe, impliqué dans de nombreux organismes de logement social et gérant lui-même directement 200 000 unités, est également actif dans le logement intermédiaire, avec 80 000 unités. Il fédère de nombreuses autres filiales intervenant sur des segments plus particuliers comme le patrimoine des logements miniers, ou l'immobilier des outremers. Au total, il compte plus d'un demi million de logements, pour moitié en logement social. En termes de patrimoine, son activité est donc mixte et particulièrement diversifiée. Le trait distinctif de son mode de développement est l'innovation financière, fort des ressources en ingénierie dont dispose la Caisse des dépôts, au carrefour de l'intérêt public et du marché. Ce positionnement est donc complémentaire de celui d'Action logement. D'un côté, la tradition du paritarisme orientée vers les nouveaux services, avec un circuit de financement spécifique. De l'autre, la tradition d'une entreprise plus proche de l'État, vecteur d'innovation financière. Dans les deux cas, une pratique large de la gestion immobilière qui ne se limite pas au seul logement social, même si celui-ci reste structurel.

D'autres groupes privés, moins directement liés à des entités parapubliques, développent aussi des stratégies de diversification, sur la base des volumes de patrimoine assez considérables. Ces pratiques ouvrent le logement social à d'autres dimensions connexes, comme chez Arcade qui a intégré le groupe de mutuelles santé Vyv. Le lien entre logement et santé devient alors un axe de développement, dans un contexte de vieillissement de la population où se pose la question de l'habitat du grand âge. Ce rapprochement est aussi l'occasion de travailler la complémentarité de cultures professionnelles différentes.

À côté de ces dynamiques d'échelle nationale, perdurent les pratiques du logement social davantage orientées vers une approche horizontale et territoriale. C'est la tradition que portent les Offices publics de l'habitat, versant public des organismes de logement social. Par définition concentrés sur le cœur de métier de la gestion, intervenant toujours en production, ils se caractérisent par une implantation locale en lien direct avec les collectivités dont ils dépendent. Ces organismes jouent en particulier un rôle majeur d'implication dans les situations les moins dynamiques ou les plus problématiques du marché du logement. En effet, du point de vue économique, leur patrimoine se répartit davantage dans les quartiers populaires, où des réinvestissements lourds se révèlent nécessaires. Ils sont également présents dans les territoires en déclin démographique, où les enjeux de restructuration du parc se posent, les plaçant de ce fait comme acteurs du réaménagement des territoires. Avec plus de 2 millions de logements au total, soit près de la moitié du parc de logement social en France, les Offices doivent faire face à un double défi structurel et financier. Représentant une grande part de l'histoire de la politique du logement du XXe siècle, émanant directement des politiques nationales avec les grands ensembles par exemple, mais aussi des politiques portées par la démocratie locale, ils représentent, d'une certaine manière, le volet le plus social du logement social, qui s'exprime aussi par des locataires aux revenus plus modestes. Parce qu'ils sont conçus dès l'origine comme émanation directe de la sphère publique, ils restent dépendants de la logique classique des subventions et ne disposent pas d'un circuit financier pourvoyeur de liquidité. C'est pourquoi leur dynamique de développement est plus complexe à mener, de même que leurs possibilités de diversification d'activité. Malgré les dynamiques qui peuvent être portées sur le terrain par les professionnels, leur moteur se trouve davantage du côté de la gestion et de la promotion de la démocratie locale que du côté de l'innovation économique et de l'hybridation des pratiques.

Par conséquent, l'architecture organisationnelle du logement social, qui accompagne son développement global, présente des dynamiques variées. L'économie du logement social s'inscrit progressivement dans une économie de l'immobilier et ouverte à des secteurs connexes, tandis que le modèle strictement public semble disposer de moins d'opportunités en ce sens. Une prospective élémentaire consisterait à envisager deux scénarios principaux. Le premier impliquerait une innovation financière forte qui apporterait aux Office un surcroît de ressources, en adéquation avec leurs principes affirmés d'économie sociale et solidaire. Par exemple, la redirection d'une part des fonds des retraites, renvoyant à des arbitrages financiers, indissociables d'une justification politique forte qui impliquerait un plan d'action clair. Ce type d'option est plausible dans la mesure où la culture professionnelle de cette branche du logement social dépend dès l'origine du politique et non du monde économique. Le deuxième scénario, le plus probable car déjà présent dans la tendance actuelle, consiste à envisager un approfondissement de la dynamique de regroupement des organismes. En effet, celle-ci témoigne de recompositions variées, qui peuvent accorder Offices publics et Sociétés anonyme dans de mêmes entités. Dans ce cas, la logique de groupe viendrait se substituer à la tradition des fédérations d'organismes, faisant basculer le logement social du monde organisationnel des fédérations basées sur le statut à la coexistence de groupes aux logiques de coopérations et de complémentarités moins évidentes et qui resteraient à systématiser et coordonner à des échelles intermédiaires permettant de renforcer la coordination de l'ensemble du Mouvement HLM.

Dans ce cas, le logement social pourrait être l'élément fédérateur, ou à défaut le dénominateur commun. Et ce, de la même manière que dans le cas alternatif d'une voie d'organisation par un statut unique des organismes, envisageable au moins théoriquement et esquivé politiquement ces dernières années. L'évolution du modèle économique du logement social apparaît finalement assez claire. Après un siècle d'existence, l'équation de base reste la même sous le regard de l'État, qui laisse le secteur trouver par lui-même les voies économiques de son autonomisation, par la diversification de son activité et la reconfiguration de ses solidarités internes. Il s'agit là d'une politique du logement par effet de retrait, la poursuite de la construction de logements sociaux n'étant que la résultante mécanique du fonctionnement dynamique des organismes entre eux. La limite de cette trajectoire est qu'elle n'est le vecteur que d'un sens politique doublement confus, entre préserver l'existant ou intégrer la multiplicité des nouvelles problématiques sociétales et environnementales, oubliant de traiter la question contemporaine du logement en tant que telle. Mais la réflexion sur le modèle économique ne peut remplacer le travail d'élaboration intellectuelle du secteur par lui-même, non pas sur le sens de sa mission qui est déjà prouvé depuis un siècle, mais sur le rôle stratégique qu'il entend jouer, pour les cent ans qui viennent, comme composante majeure de la politique du logement en France. C'est le troisième scénario, le plus ambitieux, le moins probable, mais le seul en mesure d'écrire un nouveau chapitre de l'histoire de cette politique publique.

Conclusion

Pour une innovation

Parmi les multiples sujets évoqués, une réflexion particulière m'apparaît à noter en conclusion, provisoire ou plutôt en ouverture, interrogative, à la discussion et qui me vient d'un bref échange informel, quoique des plus sérieux, un matin d'hiver à la Cour des comptes. Balayant les critiques faciles qui voient dans leur sujet propre une importance trop singulière, ou un traitement malmené parce qu'elles ignorent surtout les autres sujets en ligne de compte, ce jour-là, j'ai mesuré combien il y a une sagesse à rechercher le meilleur emploi des deniers publics, à contenir la dépense au regard des attentes de l'État, de la formulation explicite d'une mission d'intérêt général. Toute la difficulté de l'affaire réside dans l'abstraction des raisonnements qui commandent cette volonté, dès lors qu'on tente de pointer des marges d'améliorations possibles pour un domaine particulier, mais vaste, qui se réalise en une multitude de tâches et d'agents dispersés, comme le logement social. Pourtant, la quasi-méditation sur le modèle économique qui précède, à la recherche de l'équilibre, met en évidence implicitement une question toutefois précise et jusqu'à présent si peu posée dans les termes qui suivent, la rendant à, ce titre, instructive.

La mécanique des prêts de long terme sur une politique publique de très long terme, comme celle du logement social, génère un retour sur investissement de nature financière.

Les subventions de l'ancien temps se reconstituent, sous une forme certes différente, mais bien en espèces sonnantes et trébuchantes. La question se pose donc légitimement sur la façon de les employer, dans une vue cependant étonnante : l'argent dévolu à une politique publique est là, revenu de lui-même fort du succès de son bon emploi initial. Alors, quelle est la nature de ce financement, en quelque sorte dans un état second, un deuxième degré parvenu au demi-siècle de ses effets ? Il ne provient pas de l'impôt directement, ni d'un dispositif préalablement normé. Il constitue le résultat prévisible en théorie, mais non prévu en tant que tel, d'une politique ancienne, tout simplement parce que celle-ci ne songeait pas si loin – cette projection aurait été insensée, intenable dès lors qu'elle aurait été formulée.

Voyant cela et suivant les mécanismes économiques de la théorie de la régulation, les organismes de logement social, dépositaires par le fait de cette manne, se sont évertués à l'employer pour construire, poursuivre leur mission, tandis que l'État, comme surpris de cette extraordinaire découverte, s'est entendu à corriger ce qui lui apparaissait comme une surcompensation au bénéfice du secteur, d'abord en limitant les aides, puis en passant un coup de rabot. Ces deux logiques opposées, celle du secteur et de l'État, mues par la bonne gestion, ont leurs logiques, d'où un dilemme. Puisque, intellectuellement, il n'existe pas de réponse évidente à l'emploi de cet argent surnuméraire, qui échoit certes aux organismes HLM, mais en tant que produit d'aides initiales dont ils n'étaient seulement que les agents, et qu'ils ont déjà perçu une fois pleinement. Pour user d'une comparaison dans le thème : la sous-location d'un appartement n'est autorisée que si le propriétaire donne son accord, tant sur le principe que sur le montant. L'arrangement doit engager préalablement toutes les parties. Or l'emploi des loyers du logement social, pour la part qui ne vient plus rembourser le prêt initial, s'observe comme une pratique, alimente le modèle économique, mais demeure un impensé sur le plan de la politique publique et par suite de la conception du modèle économique.

L'option décidée par l'État, souvent au corps défendant des organismes de logement social, consiste tout simplement à opérer une réduction générale des dépenses sociales par un jeu complexe de réductions techniques en cascades à l'endroit du secteur. Il est aujourd'hui admis que le montage du dispositif de RLS ne porte pas une nouvelle façon d'investir en matière de logement. Il n'y a rien d'étonnant à cela : le sujet appelé autrefois des « dodus-dormants » relevait du mythe intuitif, il fallait du temps pour comprendre les ressorts profonds de la mécanique financière, vertueuse, mise particulièrement en lumière dans les recherches de Matthieu Gimat. La RLS, par-delà les multiples critiques formulées à son endroit, a eu paradoxalement l'intérêt de poser, à court terme, un sujet systémique, inscrit pour une période de quelques années, mais renvoyant à une question de fond, installant un débat. Il conviendrait aujourd'hui de le trancher par une innovation politique durable sur le plan économique, au regard de la situation contemporaine du logement en France et de la projection du logement social dans son deuxième siècle d'existence, également aussi au regard de la crise historique du logement qui s'installe, articulée aux autres segments du parc.

L'examen détaillé du modèle économique pourrait, par exemple, amener à distinguer, ne serait-ce qu'intellectuellement pour les besoins de la clarté du débat démocratique, d'une part, le parc parvenu à maturité de son premier cycle d'investissement, de l'autre, le parc en cours de remboursement. De là, trois options pour les recettes générées dans ce segment du parc le plus ancien. Soient elles s'inscrivent dans la continuité directe de l'investissement et participent au renouvellement urbain en interne des organismes qui le gèrent, invitant peut-être à une explicitation de cette mission et à des modalités de suivi de l'avancement. Soit, inversement, elles reviennent d'une manière ou d'une autre dans le budget de l'État pour financer les politiques publiques d'aujourd'hui. Soit, enfin, ce qui correspondrait le plus à la situation actuelle, elles financent dans les organismes à la fois la gestion et la construction nouvelle, en même temps qu'une contribution à la réduction de la dépense publique globale. Autrement dit, rien n'est encore tranché et la question se pose donc, puisqu'elle ne l'a jamais été dans ces termes, de savoir s'il serait pertinent pour la politique du logement de définir en la matière, explicitement, une politique singulière liée à ces fonds, après cette période d'adaptation sans projection. La question n'a de sens que s'il est possible de montrer qu'un mode d'allocation de ces recettes nouvelles ou aides de second degré pourrait gagner en efficacité par une innovation, le cas échéant multiple, par rapport à la situation présente, c'est-à-dire au regard des multiples formes d'ajustements existantes. Une formulation possible de la problématique pourrait être celle-ci : comment les recettes du parc social ancien devraient-elles être employées ? Suivi d'une équivoque : en quoi la présence interne aux organismes HLM d'aides de second degré venues de l'histoire de la politique publique associée est-il plus efficace que des aides de premier degré allouées par l'État, aujourd'hui, au regard des enjeux contemporains ? Avec pour corolaire, dans quelle mesure la réduction prolongée de cette aide de second degré ne génère-t-elle pas un risque sur le modèle économique tout entier ? Il appartient respectivement aux experts de l'État et du Mouvement HLM de proposer chacun et d'établir ensemble le meilleur compromis.

Sans anticiper ces travaux, il est possible de noter simplement quelques conditions de contexte pour y parvenir, souvent laissées de côté sur le plan méthodologique. Instruire ce problème suppose de le poser, au préalable, un peu plus largement, de revenir sur les définitions que l'on donne du logement social et surtout de sa mission. De la même manière que les dernières années ont permis de mieux comprendre les ressorts et le potentiel du modèle économique du logement social à la française, il est tout aussi important d'avoir à l'esprit les autres composantes du Modèle HLM, et surtout comment celui-ci s'insère en interaction avec les deux autres principaux segments du parc en souffrance : le logement locatif privé et l'accession à la propriété. Car s'il est aujourd'hui possible de s'interroger sur un financement de deuxième degré à travers le logement social, cela doit impliquer de penser conjointement un deuxième degré de la politique du logement de la France.

Postface

Jean-Michel Fabre et Michel Calvo[1]

Les enjeux du logement social en Occitanie, en particulier lorsqu'ils sont vus au prisme du modèle économique, recoupent ceux du pays tout en mettant en évidence plusieurs aspects qui, loin de se réduire à des spécificités locales, permettent de travailler des problématiques émergentes et donc la nécessaire plasticité du modèle. L'analyse présentée dans ce livre décrit la mécanique complexe qui unit les principes directeurs du logement social à la française et les pratiques directement mises en œuvre par les organismes de logement social sur le terrain. Mais ce terrain, que représentent les marchés locaux de l'habitat, si divers, nécessite d'être organisé, travaillé, coordonné, en articulant les échelles et les acteurs, les dynamiques contrastées du renouvellement de l'offre et de l'évolution des demandeurs. Par nature, une union régionale HLM y participe largement. Notre grille de lecture s'affine en ce sens : aujourd'hui, la taille de notre région et les remontées d'expériences diverses nous permettent de distinguer des dynamiques d'échanges entre nos deux métropoles, l'effet du littoral sur le pourtour méditerranéen, les réseaux de villes moyennes et petites, renouant plus clairement avec une logique intégrée d'aménagement du territoire.

1. Président et vice-président d'Habitat Social en Occitanie, Union régionale HLM.

En effet, le logement social prend place comme un régulateur du marché de l'immobilier, dans un double mouvement. D'une part sur le plan macroéconomique, il joue un rôle contracyclique, d'autre part sur le plan microéconomique, il combat la faible élasticité des prix. C'est à un bout de la chaîne, par exemple, l'engagement des programmes en VEFA, achetés aux promoteurs privés, dont les volumes substantiels viennent lisser le montage et le suivi des opérations, limiter les risques financiers et par suite préserver les emplois dans l'industrie du bâtiment. C'est à l'autre bout de la chaîne les programmes en dentelle, de l'habitat intergénérationnel aux résidences inclusives pour accompagner les handicaps, par exemple, afin d'apporter des réponses à toutes les formes de fragilités, comprenant le plus souvent une fragilité en numéraire des habitants. Plus généralement, pour user du vocabulaire économique, il s'agit de maîtriser le coût d'entrée dans un logement adapté et de qualité, qui reste élevé. L'impératif républicain consiste à le rendre accessible à tous, y compris aux ménages aux revenus modestes qui ont, comme les autres, droit à la dignité de leurs conditions d'habitation.

Certes, la compréhension du modèle économique montre comment se lient le macro et le micro, mais, de toute évidence, cette compréhension ne suffit pas, en elle-même, à trouver les voies et moyens pour opérer concrètement ce lien, qui demeure une entreprise empirique. C'est tout le sens de notre postface qui veut apporter, en regard de la nécessaire analyse, l'explicitation de l'effort de méthode conjoint des opérateurs, tout aussi nécessaire. Le modèle économique porte en soi son efficience, sa potentialité. Le rendre efficace, lui conférer son pouvoir d'aménagement du territoire et de parcours résidentiel constitue un travail d'un autre ordre, dans une forme de dialogue avec lui, puisque nous agissons dans le cadre d'une décentralisation inachevée, d'un pouvoir de l'État encore fort sur le papier, mais en attrition sur le plan du financement direct. La question de la différenciation territoriale aujourd'hui en question ne doit avancer que dans la mesure où elle offre des réponses à la capacité locale, plus forte, de faire respecter le droit au logement, de répondre à la diversité des besoins. Ce constat partagé par nos adhérents renvoie au premier point de méthode constitutif d'Habitat Social en Occitanie, que nous souhaitons ici présenter.

Notre grande région Occitanie combine une double culture professionnelle du logement social : coopérative entre les opérateurs et de dialogue avec les politiques régionales, grâce à la complémentarité des histoires du Languedoc-Roussillon et de Midi-Pyrénées. Cela se traduit dans les pratiques de nos adhérentes, mais aussi dans le mode d'organisation de notre équipe, dont chaque membre est à la fois expert d'une thématique et en charge du suivi d'un département. Notre engagement commun s'est reformulé ces dernières années autour d'un point de convergence évident, quoique non voulu, celui d'une réaction forte d'opposition à la politique de réformes des APL, associée à la RLS et par la suite complétée d'une incitation au regroupement des organismes, selon des modalités venues d'en haut. Si les lignes politiques sont multiples dans le logement social, cette approche brutaliste de la ponction et de la réorganisation du tissu des organismes a favorisé la concertation du secteur sur ses missions, sa coordination, et suscité une inquiétude unanime sur l'engagement de long terme de l'État en matière de logement social. Cette nouvelle donne nous a conduits d'emblée, par contraste, à cultiver une approche revendiquée de démocratie interne, attachée à des réponses adaptatives et à l'expression de positions fortes et explicites dans notre participation aux instances déconcentrées.

Ainsi, c'est le deuxième point de méthode, nous avons élaboré une approche partenariale et contributive. Elle se manifeste sur le sujet premier du foncier, en définissant un accord avec l'Établissement public foncier (EPF) d'Occitanie. Elle prend également place au Comité régional de l'habitat et de l'hébergement (CRHH). Dans notre région qui connaît à la fois une croissance forte dans ses deux métropoles de Toulouse et Montpellier, mais aussi un attrait de l'arrière-pays, une ruralité qui questionne ses atouts, l'opposition entre zones tendues et zones détendues n'est plus adaptée comme grille de lecture transversale pour flécher les investissements. En revanche, le principe de l'article 55 de la loi SRU, référence majeure pour diffuser le logement social depuis un quart de siècle, nous apparaît toujours pertinent. Nos expériences d'élus locaux et les discussions avec nos adhérents nous confrontent cependant à la réserve de certains maires. Mais quelle commune n'a pas besoin de logements sociaux pour que ses personnes âgées puissent demeurer dans leur environnement familier ? La programmation de logements sociaux doit rester ambitieuse, généraliste, si bien que nous contestons les projections en volumes établies par l'État local. Car notre région est attractive sur le plan économique, elle attire de la population, sa croissance démographique est positive et nous devons y répondre par une production ambitieuse de logements. Après débat et référendum interne sur notre vote, en 2021, nous avons donc fait le choix de nous abstenir, en 2022, nous avons exprimé notre opposition sur le fond, en 2023, nous avons décidé de voter contre la planification régionale de l'État, parce qu'à notre sens insuffisante. Cette gradation de nos prises de position témoigne d'une désarticulation progressive de la relation partenariale historique entre l'État et le secteur. Il nous revient donc, en complémentarité de la bataille pour défendre la politique de logement social dans son sens plein, d'élargir le champ en travaillant à une échelle encore plus large. C'est le troisième point de méthode.

La place de l'Union européenne en matière de logement social est un débat ancien qui date des années 1980. Longtemps, il a été conclu que la politique du logement relevant des États membres, l'Europe resterait en retrait. Pour autant, l'engagement en faveur de la rénovation énergétique découlant des politiques environnementales, de même que les avancées que représente l'adoption du socle européen des droits sociaux, nous invite à mieux considérer la participation de cet échelon à notre secteur. Le Fonds européen de développement régional (FEDER) pourrait être mieux mobilisé pour limiter la consommation de fonds propres, sachant que le mode de financement de la réhabilitation n'est pas stabilisé. Des volumes importants arrivent dans la région, notre objectif est qu'ils puissent irriguer les opérations. Pour cela, les critères d'éligibilité doivent correspondre à la réalité, ce qui renvoie à la définition du cahier des charges, afin que les aides puissent être délivrées. De plus, les participations financières doivent intervenir en complémentarité des financements déjà existants. Car le risque est grand de compléter le financement de projets dans des territoires déjà accompagnés par plusieurs dispositifs, quand d'autres types de projets complexes, souvent plus petits, ne bénéficient d'aucun soutien. Travailler la diversité des besoins dans les territoires, c'est rechercher une diversité de sources de financement possibles dans une visée de complémentarité, pour couvrir l'ensemble de la panoplie des actions souhaitées. Ce travail de mise en adéquation que nous menons, particulièrement technique, constitue la traduction voulue de nos politiques publiques, nombreuses et donc complexes à mettre en musique. La territorialisation implique logiquement cette expertise fine et patiente, que nous menons. Elle est d'autant plus nécessaire que nous devons nous préparer à dégager, dans un horizon rapproché, de grands volumes d'investissements pour l'adaptation au changement climatique, pour la prise en compte de l'évolution de nos modes de vie. C'est notre quatrième point sur le plan de la préparation au nouveau défi de notre temps.

La hausse des températures se fait déjà sentir dans notre région, où les épisodes caniculaires se répètent chaque été. Ils occasionnent des stress pour les corps. Ici, le nombre de morts dus à la chaleur est bien supérieur à celui des décès causés par le froid. Or l'effort en matière d'isolation thermique pour l'hiver s'est rarement accompagné du même soin architectural et technique pour l'été, dans les constructions des dernières décennies. Aérations naturelles, choix des matériaux, configurations architecturales et urbaines, ce savoir-faire incorporé chez les anciens dans les maisons de campagne, frugales, doit être rappelé et réinterprété pour les constructions à venir, enrichies des connaissances d'aujourd'hui. Mais pour le patrimoine qui n'en a pas bénéficié, les travaux de rénovation restent considérables, auxquels s'ajoutent ceux à prévoir face au mur démographique et à la diversification des besoins.

En effet, le vieillissement des baby-boomers implique de multiples adaptations, en plus de celles qu'implique la modération de la consommation des ressources naturelles comme l'eau. À cela s'ajoute l'accompagnement de la population active qui doit tenir compte des mobilités professionnelles, avec de la construction nouvelle, en luttant ainsi contre le chômage et la précarité et en favorisant le développement économique. Nous pensons bien sûr à l'industrie, mais aussi au secteur touristique du littoral méditerranéen, ou à la saisonnalité de la production agricole. Enfin, le logement doit pouvoir répondre à l'évolution des formes de la famille, et tout spécialement à la situation, bien souvent urgente, des mères célibataires, qui nous préoccupent au plus haut point.

Ainsi pour ce deuxième siècle du logement social, nous devons travailler à maintenir des loyers modérés, modèle économique classique, mais aussi promouvoir des consommations, elles aussi, modérées, tant dans la construction que le foncier, dans l'entretien et les usages. Cette nouvelle économie du logement social, complémentaire de la machine productive mise en place durant son premier siècle de développement, reste en grande partie à concevoir, à anticiper. À l'attention portée à la durabilité du modèle économique de production, doit s'ajouter le financement de la durabilité du parc accumulé dans le temps. S'ajoutera donc immanquablement à la mission historique un rôle de rénovation urbaine en dehors des seuls quartiers populaires, dans une mission de ce fait élargie aux zones plus éloignées des centres-villes, où les opérateurs classiques ne peuvent intervenir. Il n'en reste pas moins que les quartiers populaires demandent une continuité d'action, dont témoigne notre engagement sur des sujets de fond comme la tranquillité résidentielle, là où l'État est bien souvent en retrait, pour ne pas dire absent.

L'évolution en cours intègre une part de vente plus significative que celle de l'accession sociale à la propriété que nous pratiquons historiquement dans notre région, jusqu'à l'habitat participatif qui inclut davantage les futurs habitants dès la conception. En outre, des flux de patrimoine entre bailleurs se mettent en place pour trouver de nouvelles formes d'interventions contracycliques, tout en assurant une gestion de proximité, garantie du suivi de la plus-value sociale. Notre tradition d'acteur du temps long constitue une spécificité de notre modèle économique, à laquelle s'ajoute une logique de flux qui ne doit pas l'affaiblir. C'est ainsi que nous travaillons le dosage délicat entre force d'inertie et agilité de nos réponses sur le terrain.

*

En définitive, l'expérience d'Habitat Social en Occitanie propose une méthode de mise en œuvre opérationnelle du modèle économique du logement social qui s'appuie sur quatre piliers, réunis à la fois par le pacte républicain sur le plan des valeurs, liés à la mission pour le droit au logement, et par la pratique démocratique sur le plan de l'organisation, puisque nous nous rattachons à l'économie sociale, régulatrice du marché.

Le premier pilier est le partenariat historique et stratégique entre le secteur et l'État, aujourd'hui affaibli. Le logement social à la française repose sur une infrastructure économique et financière qui compte beaucoup sur l'échelle nationale, parce que fondé sur la solidarité nationale. Nous sommes engagés pour restaurer cette relation partenariale au plus haut niveau. Elle fait partie du modèle.

Le deuxième pilier est la coordination de la diversité des besoins des territoires, qui passe par un dialogue productif au sein des instances, et avec les gouvernances des outils de régulations territorialisés. Nous tenons à mettre en avant, à l'échelle régionale, l'action foncière parce qu'elle intervient le plus en amont de la chaîne du logement. Nous tenons aussi à mettre en avant la coproduction nécessaire du diagnostic, qui ne peut reposer que sur des modèles soumis à l'équivoque de débats techniques, renvoyant les acteurs à leurs positions respectives, plutôt que générateurs de dialogue productif.

Le troisième pilier est ce que nous pourrions appeler la composition intelligente des financements. Le logement social est forcément aux prises avec le mille-feuille administratif, parce que la question du logement traverse les politiques publiques. Tout l'enjeu consiste donc à cerner et flécher les vecteurs de financements, sans qu'ils ne se neutralisent les uns les autres, mais au contraire se conjuguent. L'échelle régionale est bien placée pour mener cette régulation, qui implique aussi des négociations avec l'ensemble des parties prenantes. En la matière, l'Union européenne est un acteur dont le rôle mérite d'être renforcé.

Enfin, le quatrième pilier est environnemental et sociétal. L'action sur le modèle économique dont nous héritons appelle, en retour, une anticipation, qui nous oblige, sur les défis auxquels celui-ci va être confronté, et pour lesquels il n'avait pas été pensé. Le défi social est largement déterminé par la démographie, le défi urbain dépend quant à lui principalement du climat. La relation entre ces défis urbains et sociaux se trouve dans une urbanité républicaine, un accompagnement social à imaginer, une grande transition dans laquelle investir. Tout cela appelle des fonds et des innovations à la hauteur de l'histoire du logement social, de l'engagement de nos prédécesseurs.

D'autres régions de France auront certainement d'autres approches, mais nous sommes certains que toutes se répondent plutôt qu'elles ne s'opposent. Notre expérience montre que la vitalité du secteur est une variable essentielle pour le succès de la politique du logement social. Pour réussir, nous avons besoin de justesse dans l'analyse, de liberté d'action à l'image de la diversité des situations et d'un cadre robuste, fiable, de partenariat et de financement.

Bibliographie

Bigorgne, Marie, Le Corre, Thibault. « Une tentative de financiarisation du logement en France. Le Fonds de logement intermédiaire de la CDC ». *Métropolitiques*, 25 mars 2021.

Bodart, Denis, Périé et Mykaïa, Philippe. *Plan de vie, 90 ans d'innovation sociale et de parcours résidentiels.* Paris : Fédération des ESH, 2017.

Bosvieux, Jean, Coloos, Bernard. *Logement social : les enjeux du modèle français*. Paris : Les ozalides d'humenis, 2021.

Burckel, Denis. « Perspectives HLM ». Afpols, 2022.

Carbonnier, Youri. *Les premiers logements sociaux en France.* Paris : La documentation française, 2008.

Counis, Alexandre. « Livret A : les détails du rapport Camdessus ». *Les Échos*, 21 décembre 2007.

Cour des comptes. « Observations définitives. L'épargne réglementée (2016-2021) ». 9 juin 2022.

Desjardins, Xavier. « Le logement social au temps du néolibéralisme ». *Métropoles*, n° 4, 18 décembre 2008.

Direction de l'habitat, de l'Urbanisme et des Paysages. « Note technique relative aux hypothèses macro-économiques à retenir dans les simulations d'équilibre des opérations locatives sociales ». Ministère de la transition écologique et de la cohésion des territoires, 5 septembre 2022.

Driant, Jean-Claude. « Les mutations en sourdine du financement du logement social ». *Regards croisés sur l'économie*, vol. 9, n° 1, 2011.

Farçat, Anne-Christine. « La société de coordination, un outil pour le regroupement ». *Le Moniteur*, 12 octobre 2018.

Fédération des ESH, Berger, Roland, *Livre blanc sur le logement social*, 2022.

Fédération des Offices publics de l'habitat et Cabinet conseil 1630. Manifeste « Réaffirmer nos valeurs », 27 mai 2021.

Fournier, Valérie, Guérin, Serge. *La société résiliente, plongée dans la France du logement social et de l'innovation*. Paris : Fauves, 2022.

Gimat, Matthieu. *Produire le logement social*. Thèse d'urbanisme, Université Paris 1 Panthéon-Sorbonne, 2017.

Gimat Matthieu, Halbert, Ludovic. « Le logement social contraint à la rentabilité ». *Métropolitiques*, 12 juillet 2018.

Gimat, Matthieu, Guironnet, Antoine, Halbert, Ludovic. *La financiarisation à petits pas du logement social et intermédiaire en France, Signaux faibles, controverses et perspectives*. Chaire Villes, logement, immobilier, Working Paper, Sciences Po, 2022.

Liquet, Valérie. « Logement social. Les "prêts de haut de bilan" sont lancés : ce sont 2 milliards d'euros de quasi-fonds propres pour les HLM ! ». *Localtis*, 1er juin 2016.

Ministère du logement. « Logement social les chiffres clés ». 2019.

Hoorens, Dominique. « Le "modèle économique HLM". Un modèle à suivre ». *Revue de l'OFCE*, vol. 128, n° 2, 2013, p. 73-98.

Hoorens, Dominique. « Le financement du logement social : forces et éléments de fragilité du modèle économique français ». *Revue d'économie financière*, vol. 115, n° 3, 2014, p. 229-247.

lemée, Guy, Giami, Philippe. « Désormais, les hypothèses normatives de croissance des loyers et des charges seront fixées par l'administration ». *Le Moniteur*, 12 septembre 1997.

Leplaideur, Julien, Le Goff, William. « Le changement d'état du logement social ». *Esprit*, n° 9, 2021, p. 57-65.

L'Kassimi, Yacine. « La surcompensation : un outil budgétaire à l'alibi européen ». *Politique du logement*, 20 octobre 2021.

Maaroufi, Eddy. « Matthieu Gimat, enseignant-chercheur spécialiste du logement social : "il est temps de réfléchir à une stratégie alternative" ». *Millénaire*, n° 3, 30 juin 2022.

Pineau-Datsenko, Radmila. *Économie des politiques d'aide au logement locatif*, (sous la direction de Didier Cornuel), Université Lille 1, 2016.

Quilliot, Roger, Guerrand, Roger-Henri. *Cent ans d'habitat social, une utopie réaliste.* Paris : La Découverte, 1989.

Rochon, François. « Logement social : commentaire sur le rapport de la Cour des comptes ». *New Tank Cities*, 8 octobre 2021.

Schaefer, Jean-Pierre. *Aides et financement de projets de logement.* Gentilly : Le Moniteur, 2015.

Schaefer, Jean-Pierre. « Les aides personnelles au logement en Allemagne ». *Politique du logement*, 17 février 2020.

Segaud, Marion, Bonvalet, Catherine, Brun, Jacques. *Logement et habitat, l'état des savoirs.* Paris : La Découverte, 1998.

Tutin, Christian. « Le financement du logement social en France : un modèle sans équivalent en Europe », Séminaire franco-coréen « Le logement social en France, une expérience centenaire et ses leçons ». Séoul, Corée du Sud, mars 2017.

Remerciements

L'auteur remercie chaleureusement Galla Bridier, Guy Lemée, Didier Poussou et Sabine Véniel-Le-Navennec de leur soutien tout au long du projet, Jean Viard et Manon Viard de continuer d'accueillir dans leur maison d'édition la suite de cette enquête au long cours sur le logement, Marie Boggio et Adèle Rosenfeld de leur professionnalisme dans leur accompagnement éditorial.

Table des matières

Dans la même série
(extrait)

Jean-Paul Alduy, Alain Tarrius, *Perpignan, laboratoire social et urbain. Modernisation d'une ville pauvre et cosmopolite*

Barbara Allen, Michel Bonetti, *L'Habiter, un impensé de la politique de la ville*

Félix Assouly, Salomé Berlioux (dir.), *Loin de Paris. Raconter les territoires*

Éric Ardouin, Jean-Christophe Baudouin, *Le management public des territoires*

Denis Badré, *Maison commune. De la démarche intercommunale à la construction européenne*

Marie-Hélène Baqué, Emmanuel Bellanger, Henri Rey, *Banlieues populaires*

Pierre-Arnaud Barthel et Lamia Zaki, *Expérimenter la « ville durable » au sud de la Méditerranée*

Jean-Christophe Baudouin, Edouard Dequeker, *Landes Atlantique Sud à l'épreuve de la sobriété*

Nicolas Binet, Yves Laffoucrière, *La vie plus belle ? Retour sur vingt ans de rénovation urbaine*

Michel Blondel, *Du pré carré à la compétence collective*

Alain Bourdin, *Faire centre. La nouvelle problématique des centres-villes*

Alain Bourdin, Michel Casteigts, Joël Idt, *L'action publique urbaine face au mutations sociétales.* Tome 1. *Un cadre d'analyse*

Alain Bourdin, Michel Casteigts, Joël Idt, *L'action publique urbaine face au mutations sociétales.* Tome 2. *Variations*

Alain Bourdin et Joël Idt, *L'urbanisme des modèles. Références, benchmarking et bonnes pratiques*

Alain Bourdin, Pauline Silvestre, *Du logement à la ville: ce que préfèrent les habitants. Récit d'une enquête*
Jean Carassus, *Le choc. Révolution industrielle, biosphère, diversité*
Jean-Yves Chapuis, *Le projet humain avant le projet urbain*
Jean-Yves Chapuis, *Profession urbaniste*
Jean-Yves Chapuis, *La ville n'est pas figée*
Jean-Pierre Charbonneau, *Les aventures de Monsieur Urbain*
Jean-Pierre Charbonneau, *Le drôle de monde de Monsieur Urbain*
Jean-Pierre Charbonneau, *John Mill et ses voisins*
Franck Cormerais, *Hyperville(s). Construire des territoires solidaires*
Fanny Costes, Claire Flurin Bellec, *Changer l'Immobilier : de l'Utopie à la Réalité: Recueil d'idées pas si farfelues pour la Transformation Economique et Sociale du Secteur*
Carole Diop, Xavier Ricou, *Dakar, métamorphoses d'une capitale*
Agnès Deboulet, Florence Bouillon, Pascale Dietrich-Ragon, Yankel Fijalkow, *Vulnérabilités résidentielles*
Dider Desponds, Ingrid Nappi-Choulet, *Territoires intelligents : un modèle si smart ?*
Michel Duchène, *La graned métamorphose de Bordeaux*
Tom Dubois, Christophe Gay, Vincent Kaufmann, Sylvie Landriève, *Pour en finir avec la vitesse*
Renaud George, *La croissance grise. Des seniors dans la ville*
Jean Guiony, *La transition foncière*
Jean-Pierre Gonguet, Jean-Michel Guénod, Franck Vallerugo, *EuropaCity. L'aventure d'un projet*
Jean-Michel Guénod, *La success-story de Milton Keynes : un avenir métapolitain pour les villes nouvelles ?*
Jean-Michel Guénod, *Desseins de villes : un retour de l'État aménageur ?*
Jean Haëntjens, *Urbatopies. Ces villes qui inventent l'urbanisme du XXIe siècle*
Guy Kauffmann, Jean-Pierre Merlot, Simon du Moulin de Labarthète, *L'économie de la connaissance*
André Lortie, *De quoi l'urbanisme est-il le projet ? Interrogations historiques et prospectives pour une évaluation des paradigmes de l'urbanisme*
Sandra Mallet, *Politiques urbaines de l'accélération. Le temps de l'urbanisme présentiste*

Emmanuel Matteudi, Fatima Chahid, Martin Péricard, *La face cachée des sociétés civiles au Maghreb*
Georges Mayer-Heine, *Au-delà de l'urbanisme*
Julien Neutres, *Rome, ville ouverte au cinéma*
Patrice Noisette et Franck Vallérugo, *Un monde de villes. Le marketing des territoires durables*
Patrice Noisette et Franck Vallérugo, *Le marketing urbain.* Tome 1. *Théories et méthodes*
Burcu Özdirlik et Jean-Jacques Terrin, *La conception en question*
Frédéric Paul, *HLM, mon amour. Un combat pour la solidarité*
François Rieussec, *L'urbanisme des solutions. Repenser l'aménagement du territoire*
François Rochon, *Le logement, l'habitat et le citoyen. Une expérimentation républicaine*
François Rochon, *Logement : critique d'une politique impossible*
François Rochon, *La République des HLM*
André Rossinot, avec Pierre Stussi et Philippe Estèbe, *La République des territoires. Le modèle français d'égalité en défaut*
Irène Salenson, *Jérusalem : bâtir deux villes en une*
Pierre Sallenave, *La ville se rêve en marchant*
René Souchon, *Ruralité : quel avenir ? Citadins, cela vous concerne aussi !*
Yohann Sportouch, *Pour un urbanisme du care. L'attention à l'autre pour refaire société*
Cédric Szabo, *La démocratie au quotidien. Raconter les territoires*
Jean-Michel Vincent, *Penser la menace climatique. Le temps des solutions*
Bruno Vouters, *Hauts-de-France, le voyage*
Marie-Hélène Zérah, *Quand l'Inde s'urbanise. Services essentiels et paradoxes d'un urbanisme bricolé*

Retrouvez notre catalogue sur
www.editionsdelaube.com

Pour limiter l'empreinte environnementale de leurs livres,
les éditions de l'Aube font le choix de papiers
issus de forêts durablement gérées et de sources contrôlées.

Achevé d'imprimer en août 2025
sur les presses de l'imprimerie CPI Firmin-Didot
pour le compte des éditions de l'Aube
331, rue Amédée-Giniès, F-84240 La Tour-d'Aigues

Numéro d'édition : 6805
Dépôt légal : septembre 2025
Numéro d'impression : 185012

Imprimé en France